丛书主编　方守贤

院士的故事·圆梦中华

雏鹰之志

科学普及出版社

·北 京·

图书在版编目（CIP）数据

雏鹰之志/方守贤主编. —北京：科学普及出版社，2014.1
（院士的故事·圆梦中华）
ISBN 978-7-110-08368-0

Ⅰ.①雏… Ⅱ.①方… Ⅲ.①院士-生平事迹-中国-现代-青年读物 ②院士-生平事迹-中国-现代-少年读物 Ⅳ.①K826.1-49

中国版本图书馆 CIP 数据核字（2013）第 245390 号

编辑组长 颜 实
编辑组成员 赵 晖 付万成 李博文 夏凤金 高立波
（本书内容选编自邢攸萍主编的《院士的故事》）

插图 崔君旺

责任编辑 付万成 赵 晖 夏凤金
责任校对 何士如
责任印制 张建农

出版发行 科学普及出版社
地 址 北京市海淀区中关村南大街 16 号
邮 编 100081
发行电话 010-62173865
传 真 010-62179148
投稿电话 010-62103182
网 址 http://www.cspbooks.com.cn

开 本 787mm×1092mm 1/16
字 数 150 千字
印 张 9.25
印 数 1—5000 册
版 次 2014 年 1 月第 1 版
印 次 2014 年 1 月第 1 次印刷
印 刷 北京长宁印刷有限公司

书 号 ISBN 978-7-110-08368-0/K·128
定 价 25.00 元

目 录

从数学"笨蛋"到数学奇才

——记苏步青院士通往数学王国之路

苏步青（1902–2003）

苏步青简介

苏步青（1902–2003）浙江平阳人。1927年毕业于日本东北帝国大学数学系，后入该校研究院，获理学博士学位。回国后，受聘于浙江大学数学系。1952年到复旦大学任教，任教务长、副校长、校长等职。1983年起任复旦大学名誉校长。1985年起任温州大学名誉校长。历任第七、八届全国政协副主席，第五、六届全国人大常委，民盟中央副主席。专长微分几何，创立了国内外公认的微分几何学派。

苏步青回忆说：我生长在浙江平阳一个偏僻的山村，父亲以种地为生，童年时代放牛喂猪，干过割草等农活。1911年，父亲挑上一担米作为学费，带我到100多里外的平阳县第一小学当了插班生。1914年我以优秀成绩，考进旧四年制的浙江省立第十中学，1919年7月，我刚满17岁，就在中学校长洪先生的资助下，到日本留学。经过一个月的日语补习，我于1920年2月参加东京高等工业学校招考，以优秀的成绩，被录取到该校电机系学习。1923年9月1日，东京发生大地震，我从灾难中逃生，衣物、书籍、笔记尽付一炬，第二年3月我在东京高等工业学校毕业后，就去报考日本的名牌大学——东北帝国大学理学院数学系，以两门课均满分的成绩，名列90名考生第一，被录取为东北帝国大学数学系的中国留学生。

回望苏步青的百年人生路，走过的路是崎岖泥泞，故事多多，感人至深，值得我们现代青少年学习借鉴，今选几则叙述如下，以慰读者。

“步青”名字的来历

公元1902年9月23日，那是一个普通的日子，可对祖辈从福建同安逃荒到浙江平阳带溪村的苏祖善家来说，那是一件难得的大喜、大吉的日子。真是老天有眼，天官赐福。苏祖善家添了男丁，夫妻俩笑得合不拢嘴，终于有了世代务农的“接班人”。苏祖善夫妻俩从未上过学，尝够没有文化的苦，出于望子成龙心切，于是给儿子选取“步青”为名，算命先生更是添油加醋地说上一番好话，以“步青”为名，将来定可“平步青云，光宗耀祖”。

名字毕竟不是“功名利禄”的天梯。转眼苏步青已到了上学的年龄，但是由于家境寒酸，父亲无钱送他上学。正当同龄人纷纷背起书包上学的时候，苏祖善交给儿子的却是一条牛鞭。从此，苏步青头戴一顶父亲编织的大竹斗笠，身穿一套母亲手缝的粗布衣，赤脚骑上牛背，鞭子一挥，来到卧牛山下的带溪溪畔去放牛。苏步青家养的是一头大水牛，这头牛体壮力气大，从不把又矮又小的牧牛娃放在眼里。有一次，水牛忽然要起牛脾气，又蹦又跳，硬是把苏步青摔在刚刚砍过竹的竹园里。刚砍下的竹子留下的竹根，像一把把匕首屹立在地上，看着都吓人，也许真是老天庇佑，他竟然跌在几根竹根中间，免遭了一次皮肉之苦，有惊无险地逃过了一劫。

苏步青每天放牛回家都要经过本村的一家私塾门口，常被那朗朗的书声所吸引。有一次，老师正大声念：“苏老泉，二十七，始发愤，

有一天，苏祖善忽然听到儿子在背《三字经》《百家姓》，心里很觉着奇怪，这是从哪里学的？有一次，苏祖善出门下地干活，忽然看见儿子在私塾门口“偷听”老师讲课……

读书籍。”他驻足仔细地听，不自觉地就跟着念了几遍，就记住了。此后，每天去放牛都要念叨一遍，竟成了顺口溜，放牛时时不时出口当山歌唱。私塾老师教的东西他都爱听，于是便经常在私塾外听老师授课。回家后还不断复习讲的内容。有一天，苏祖善忽然听到儿子在背《三字经》《百家姓》，心里很觉着奇怪，这是从哪里学的？有一次，苏祖善出门下地干活，忽然看见儿子在私塾门口“偷听”老师讲课，父亲的心终于动了，夫妻俩一合计，既然孩子这么喜欢读书，那咱们就勒紧裤带，凑点钱，把孩子送进私塾识几个字吧。

考试时常坐“红交椅”

苏步青9岁那年，父亲想让儿子进县城上学，于是就挑上一担米做学费，走了50里山路，带苏步青到平阳县城，当了一名高小的插班生。从未出过远门的山里娃到了县城，让苏步青大开眼界，看见什么东西都觉得新奇。在城里他第一次吃到了有肉末的馒头，以后只要嘴馋了，就偷偷地把学校的饭票换成钱去买“肉馒头”吃。本来要吃一个月的饭票很早就用完了，他只好饿着肚子去上课。饿肚子的滋味很不好受，有一天，忽然想起从家里还带来几个生鸡蛋，于是带着鸡蛋来到厨房，正好老虎灶的锅里烧着这开水。他觉得老虎灶很好玩，就蹲在老虎灶旁等水开了把鸡蛋放进去。老虎灶是江浙一带流行的专用来烧开水的古老传统炉灶。老虎灶以形状而得名，因为有一个翘起的“尾巴”和像虎口一样的灶头。不一会水开了，急忙就把生鸡蛋扔进锅里，只听得几声“砰！”“砰！”“砰！”响，瞬间所有鸡蛋都爆炸了，他一下子便惊呆了。殊不知生鸡蛋遇到滚开的水，能不爆炸吗？好好的一锅开水立即变成一锅蛋花汤。烧开水的师父看到后非常生气，揪住他便狠狠地打了他一顿。

进城后，由于苏步青见到的一切都新鲜，于是便整天玩呀、闹呀，功课全丢到脑后，期末考试在全班32人中成绩倒数第一名。

“苏步青背榜了！”“苏步青坐红交椅了！”同学们纷纷地讥讽和挖

苦他。

苏步青一个人跑回寝室，躲在蚊帐里偷偷啜泣。不过，他的作文写得还不错，那是私塾里的“偷听”激发了他学习语文的兴趣，为作文打了一点基础。然而，语文老师越看越不相信，总认为苏步青的作文是抄来的。因此，每次还是批给他一个很低的分数。这样，更激发了他的牛脾气，老师越说他不好，他越不好好学，一连三个学期，都是倒数第一名。同学和老师都说他是“笨蛋”。

一天，教地理课的陈玉峰老师把他悄悄地叫到自己的办公室里，摸着他的头说：“我看你这个孩子挺聪明嘛，一点也不笨。只要肯努力，能考第一名!”然后又给他讲了牛顿的故事：“牛顿12岁的时候，从农村小学转到城里念书，成绩不好，同学们都瞧不起他。有一次，一个同学蛮横无理地欺负他，一脚踢在他的肚子上。他疼得直打滚。那个同学身体比他棒，功课比他好，牛顿平时很怕他。但这时他忍无可忍，跳起来还击，把那个同学逼到墙角，揿在墙上。那同学见牛顿发起怒来如此勇猛，只好屈服。牛顿从这件事想到做学问的道理也不过如此：只要下定决心，就能把它制服。他发愤图强，努力学习，不久成绩跃居全班第一，后来成了一个伟大的科学家。”苏步青听得入了迷，眼睛里闪耀着异样的光彩。苏步青见陈老师不批评他，还给他讲故事，心里很感激。

陈老师又说：“你爸爸、妈妈累死累活，省吃俭用，希望你把书念好。像你现在这样子，将来拿什么报答他们?”苏步青再也抑制不住心灵的震撼，泪水像断线的珍珠流淌在胸前，第一次感到自己做错了事。陈老师的教诲让年少的苏步青从玩闹中惊醒过来，从这以后，他好像突然变得懂事了许多，不再贪玩，刻苦读书。读书，别人念一遍，他念三遍、五遍；做习题，别人做10道，他做30道、50道。一分耕耘，一分收获，期末考试，他竟然得了全班第一名。

苏步青整天玩呀、闹呀……一连三个学期，都是倒数第一名。同学和老师都说他是“笨蛋”。

通往数学王国的路

温州的浙江省立第10中学的一堂数学课，把苏步青引向通往数学王国的路。有一位从日本留学回温州的杨老师在上数学课时，带着忧国忧民的真情说：“当今世界，弱肉强食。世界列强仰仗坚船利炮，对我国分割瓜分，鲸吞蚕食。中华民族亡国灭种的危险迫在眉睫。为了救亡图存，必须振兴科学。数学是科学的开路先锋，为了发展科学，必须学习好数学。”杨老师的话，打动了苏步青的心。从此，他的兴趣从文学向数学转移。进入数学王国，苏步青表现出了不凡的数学天赋。有一次，为了证明“三角形的一个外角等于不相邻的两个内角之和”这一定理，他竟用了24种解法演算了这道题。校长洪彦远得知后，把苏步青叫到办公室，拍着他的肩膀说：“好好学习，将来送你留学。”到苏步青中学毕业时，洪校长已调到北京教育部任职，但他仍关心苏步青的学习，寄来了200元资助苏步青留学。

1919年秋，17岁的苏步青怀里揣着洪校长的临别赠言：“天下兴亡，匹夫有责，要为中华富强而奋发”，登上了从上海开往日本的轮船，开始了他的留学生涯。苏步青拿着洪校长的200元钱，除了花30元钱买了一张去日本的船票，余170元钱要维持在日本3个月的生活，日子过得很艰难。他每天只能吃两餐饭，为了过语言关，无钱请日语老师，只好拜房东大娘为师。最后他用流利的日语回答了主考官的提问，以第一名的成绩进入日本名牌学校——东京高等工业学校电机系。1924年，他又以第一名的成绩考入日本东北帝国大学数学系，师从著名几何学家洼田忠彦教授。1927年，大学毕业后，他又在课余卖报、送牛奶、当杂志校对和家庭老师，用所挣得的钱做学费，免试升入该校研究生院做研究生。并以坚强的意志，刻苦攻读，接连发表了41篇仿射微分几何和射影微分几何方面的研究论文，开辟了微分几何研究的新领域，被数学界称作“东方国度上升起的灿烂的数学明星”。1931

年 3 月，他以优异的成绩荣获该校理学博士学位，成了在日本留学生中继陈建功之后获得本学位的第二个外国人。此后，国内外的聘书像雪片似的飞来，苏步青一一谢绝。因为两年前陈建功获理学博士学位时，曾约苏步青到条件较差的浙大去。苏步青说："你先去，我毕业后再来。让我们花上 20 年时间，把浙大数学系办成世界第一流的数学系……"这兴许就是苏步青在全国高校院系调整时不愿离开浙大的情缘。

屁股上的"螺旋形曲线"

"七七"事变后，浙江大学被迫西迁。在这国难当头，举校西迁时，苏步青接到一封加急电报：岳父松本先生病危，要苏步青夫妇去日本仙台见最后一面。苏步青把电报交给妻子说："……你去吧，我要留在自己的祖国。"苏步青妻子苏松本说："我跟着你走。"但因妻子刚分娩不久，不能随行内迁，苏步青把妻子送到平阳乡下避难，直到 1940 年暑假，由竺可桢校长特批一笔路费，才将妻子和女儿接到贵州北部的湄潭。

在湄潭的日子里，老师和学生的生活都极其艰苦，就是大学教授靠工资也难以糊口。为了补贴生活，苏步青买了一把锄头，每天下班回家或休息日，就在家附近开荒种菜。有一次，湄潭饭馆蔬菜供应不上，就从苏步青菜地里要去几筐花菜。还有一天傍晚，竺可桢校长来到他住的破庙前，看见苏步青正挑水种菜，苏松本背着儿子烧饭。细心的竺可桢校长见锅里全是萝卜、地瓜干，就问苏步青为什么只吃这个。苏步青解释说："我家孩子多，薪水全拿来买米也不够吃。地瓜干蘸盐巴，我们已吃了几个月了。"竺可桢惊愕了。于是，他特许苏步青两个读中学的儿子，破例吃在中学、住在家里（因为苏家拿不出被褥）的特殊待遇。

生活上的困难每况愈下，苏步青的一个小儿子因营养不良，出世不久就死去了。苏步青把他埋在湄潭的山上，在小石碑上刻着"苏婴

苏步青生活非常窘迫，常穿着带补丁的衣服走上讲台。授课时，当他回身在黑板上画几何图形时，学生们就会议论苏老师衣服上的“三角形、梯形……”的补丁，还有屁股上的“螺旋形曲线”！

之家”几个字。然而，生活上的困难吓不倒有意志、有毅力的人，浙大的教学和科研依然有条不紊地进行。苏步青由于生活窘迫，常穿着带补丁的衣服走上讲台。授课时，当他回身在黑板上画几何图形时，学生们就会议论苏老师衣服上的“三角形、梯形……”的补丁，还有屁股上的“螺旋形曲线”！晚上，苏步青把桐油灯放在破庙的香案上写教材，终于用自己坚韧不拔的意志完成了《射影曲线概论》一书。

创设湄潭吟社

1972年12月7日，苏步青的学生、著名数学家张素诚，因《数学学报》复刊之需，拜访各地数学家，到上海理应拜访苏老师，没想到苏老所赐的《射影几何概论》（英文版）一书上，别开生面地在扉页题了一首诗：

三十年前在贵州，曾因奇异点生愁，
如今老去申江日，喜见故人争上游。

这看似是一首打破常人的题词俗话，却把师生之情和盘托出，足可看出苏老诗艺的高超，文学功底之深厚了。

许多人都知道苏步青是数学大师，却不知道他还是位文学大师，是名副其实的写作大家和诗人。他从小酷爱古诗文，13岁就学写诗。读初小时常骑在牛背上诵读《千家诗》等。他人生以来，除从事数学研究外，他与诗为伴，与诗书同行，每次出差，提包里总会放一两本诗集，如《杜甫诗选》等。苏步青不仅读诗，更有做诗的兴趣，常年笔耕不辍，写了近千首诗作。在他96岁高龄时，出版了《苏步青业余诗词钞》，共收近体诗444首，词60首，由苏老手写影印，其中1931—1949年早期作品191首，内有词47首。从中我们可以领略苏老一生的学术生涯和诗书技艺折射的光芒，富有时代气息，给人以诸多的启迪。

回想浙江大学内迁贵州湄潭时期，他和数学大师钱宝琮等创设湄潭吟社，在生活极度困难下，自费出版了《湄潭吟社诗存第一辑》，内收各家诗词约100首。在国难当头日子里，诗人们品茶吟诗，或切磋教义，或评论时局，其忧国思乡，愤世嫉俗之情常流露于笔端。下面是1944年，苏步青以“游七七亭”为题做的一首诗：

单衣攀路径，一杖过灯汀。
护路双双树，临江七七亭。
客因远游老，山是故乡青。
北望能无泪，中原战血腥。

这是苏步青以物寄情，对家乡沦陷和祖国山河破碎的怀念和人民奋起抗战的歌颂，爱国忧世之情自心中汩汩流出。苏步青的诗艺高超，令人叹为观止。他的诗意境高远，笔调清新，常用典故，富有哲理。

苏步青的贡献

苏步青在科研和教学上取得了令世人叹服的光辉业绩，除做研究生时发现的四次（三阶）代数锥面，被学术界誉为“苏锥面”外，后在“射影曲线论”、“射影曲面论”、“高维射影空间共轭网理论”、“一般空间微分几何学”和“计算几何”等方面都取得世界同行公认的成就，特别在著名的戈德序列中的第二个伴随二次曲面被国内外同行称为“苏的二次曲面”。他还证明了闭拉普拉斯序列和构造（T4），被世界学术界誉为“苏（步青）链”。因此，德国著名数学家布拉须凯称苏步青是“东方第一个几何学家”，欧美、日本的数学家称他和他的同事们为“浙大学派”。苏步青有谷超豪、胡和生和李大潜等高足，形成了三代四位院士共事的罕见可喜现象。

立志科学救国

——记李四光院士奋发求学的故事

李四光（1889—1971）

李四光简介

李四光（1889—1971），地质学家，湖北黄冈人，汉族。早年加入同盟会，参加了辛亥革命。1919 年毕业于英国伯明翰大学，获硕士学位。1920 年回国。建国后，历任中国科学院副院长、中国科学院古生物研究所所长、地质部部长等职。1958 年加入中国共产党。是中国地质力学的创立者。

在我国湖北省武汉市的东南方，紧靠长江北岸有一个叫黄冈（今黄州市）的地方，这里山川秀丽，人杰地灵，是历代州府所在地，史称黄州。从黄冈市向北走 25 千米，有一个云遮雾罩、丘陵环抱的小村子叫张家湾，这是李四光的家乡。我国著名的科学家李四光，就出生在张家湾的小村庄。

这石头是怎么来的

李四光（原名李仲揆）童年时代，家庭生活非常艰辛。一家数口仅靠父亲办私塾收缴学生的一点学费来勉强维持生活，如果遇上灾荒年，私塾的学生少了，就有断粮断炊的危险，不得已时也只好从当地的地主家里租借钱粮。为了生计，李四光的母亲也经常纺线织布，到集上出售换些零用钱，购买些油盐。李四光的父亲为人耿直，肯见义勇为，爱打抱不平，曾经因与黄冈的革命党人有来往被迫逃离家乡，去南京躲了一年多，家庭生活就更加艰难。这一切，对童年的李四光影响很大。正是由于家庭的贫穷，李四光从小就养成了勤劳的习惯。他常常帮着妈妈上山打柴、放羊、割草，在家舂米、推磨、扫地、提水等，几乎样样事情都能干。

李四光 5 岁的时候，开始跟一位姓陈的老先生启蒙，6 岁转到父亲的私塾里，随父亲念书。李四光学习的时候，刻苦认真，勤奋用功。每天从早到晚，不是朗读、背诵，就是练字、作文忙个不停。他从不贪玩，即使老师不在的时候，依然能独自学习，而不像别的孩子那样，爬桌子，踩凳子，闹翻了天。李四光从小就喜欢动脑筋，问问题，还喜欢自己动手制作小玩具，什么小船啦，小汽车啦，各种色彩的灯笼啦，等等。他心灵手巧，同龄的孩子都喜欢他、佩服他。

小时候，他喜欢和小伙伴一起玩捉迷藏的游戏。每次他都爱藏在一块大石头的后面。这块巨石孤零零地立在草地上。一听到小伙伴的脚步声，他就悄悄围着大石头躲闪。大石头把他的身影遮得严严实实的，小伙伴围着石头转来转去，也找不到他。时间长了，他对这块大石头发生了兴趣：这么大的一块石头，是从哪儿来的呢？

李四光跑去问老师，老师想了想，说：“这块石头恐怕有几百年的历史了，我小的时候它就在那儿了。”

“是谁把它放在哪儿的呢？”

“听说天上常常掉下来陨石，也许它就是从天上掉下来的吧！”

“这么重的大石头从天上掉下来，力量一定非常大。它应该把草地砸一个很深很深的大坑。可它为什么没卧进土里去呢？”

“这我可说不上来了。”老师不知可否地摇摇头。

李四光和小朋友一起捉迷藏的时候，看到村头的一块特别大的石头，他就曾产生过这样的疑问：这石头是怎么来的呢？

李四光又跑去问爸爸，爸爸也说不清楚。

这块突兀的大石头到底是怎么来的？为什么它的四周都是平整的土地，没有一块石头呢？这个问题李四光想了许多年。直到他长大以后到英国学习了地质学，才明白冰川可以推动巨大的石头旅行几百里甚至上千里。

后来，李四光回到家乡，专门考察了这块大石头。他终于弄明白了，这块大石头是从遥远的秦岭被冰川带到这里来的。经过进一步的考察，他发现在长江流域有大量第四纪冰川活动的遗迹。他的这一研究成果，震惊了全世界。

以后做个好人吧

李四光（李仲揆）9 岁那年，元宵节晚上乡里都有花灯表演，他和大人们一起兴高采烈地去观看，很晚才回家。熟睡之中，突然有人大声喊起来："不好啦，河南的大婆屋子着火了，大家快去救火呀！"李四光在梦中被一片嘈杂声吵醒，赶紧披上衣服，提着一只水桶也跑了出来。只见河南大婆家的茅屋火光冲天，李四光跑到池塘边装了多半桶水，踉踉跄跄地拎到茅屋前。火苗正从茅屋顶往外窜，可他怎么用劲，水也泼洒不到屋顶的火苗上。李四光又拎着水桶转到房子后边，看见屋檐下正巧放着个梯子。李四光的胆子从小就大，爬梯子是经常事，这回又是救火，他三下两下就爬上了房，把桶里的水一瓢一瓢地向火苗浇去。火终于被大伙扑灭了，河南大婆也被救了出来。母亲四处却找不到李四光，急得大喊起来：

"仲揆！仲揆！你在哪儿?"

"妈妈。我在这儿！"？

妈妈一听，儿子的声音好像从天上发出来的。她抬头一看，只见儿子在房顶上一手拿着水瓢，一手提着水桶，裤腿上还滴滴答答掉着水珠。

"快点给我下来，多危险!你是怎么上去的呀?"

“妈妈，房后有梯子，我是蹬着梯子上来的。”

邻居们赶紧跑到房后，从梯子上抱下李四光，并齐声夸赞他勇敢。这时，李四光看到河南大婆身上没有穿棉衣，便赶紧跑回家，把母亲的旧衣服拿来送给河南大婆。看到这一切，母亲感到很高兴，儿子已经懂事了。

提到衣服，李四光在上小学时，还遇到了这样一件事：李四光上的是私塾，同学们都在校住宿。有一天夜里，天气特别的寒冷，大家把所有的衣服都压在被子上面。半夜里，一个小偷溜进学生宿舍，把一个同学盖在被子上的衣服给偷走了。那小偷正要溜出房间时，碰倒了一张桌子，响声惊醒了旁边床上一位同学，他见是一个陌生人进来，便大声喊道：“有小偷，大家快起来抓小偷！”

同学们全都被惊醒了，冲出院子去捉贼。不一会儿，小偷就被同学们抓了回来。只见那小偷一身褴褛衣衫，脸色蜡黄。同学们不由分说地上前揪住他，你一拳、我一脚地把小偷打得鼻青脸肿。

“大家不要再打他了！”

站在一旁一直没有动手的李四光实在看不下去了，就向同学们喊道。同学们住了手，一齐望着他们最尊敬的老大哥。

李四光走上前对那个小偷说：“你以后再也不要偷东西了。做了坏事，别人就要打你。你以后做个好人吧！”只见小偷不住地点头，眼泪扑簌簌掉了下来。

有的同学围上来埋怨李四光：“他偷了别人的衣服，也想偷你的，你为什么要帮助他?”

李四光说道：“你们看他穿得那么单薄，又被打了一顿，实在可怜，放了他吧。我想他今后会改的。”小偷被放走了，临走时，他向李四光深深地鞠了一躬。

李四光走上前对那个小偷说："你以后再也不要偷东西了。做了坏事，别人就要打你。你以后做个好人吧！"小偷不住地点头，眼泪扑簌簌掉了下来。

我想去省城读书

1902年5月，湖北省开始兴建大、中、小各种学堂，少年有志者，都愿意来武昌上学。消息很快传到黄冈。12岁的李仲揆（原名）向父母亲提出："我想去省城读书。"父亲李卓候早就存心送儿子上学深造，只是忧虑家里收入不宽裕，学费、路费不好筹措。现在儿子自己提出了上学要求，他马上答应，"行!"第二天父亲求亲告友，凑了一些钱，母亲龚氏不识字，可她嫁给这样一个读书人家，完全清楚孩子读书上进是第一大事。她连夜给儿子缝了一件蓝棉袄，准备了简单的行囊。于是李四光告别了父母，告别了村庄，毅然上路，直奔省城武昌去了。

这个第一次出门的少年一路打听，终于找到省学务处——水路街守备衙门。这里门庭若市，拥挤着报名考学的人们，比过去的科举还热闹。李仲揆第一次遇到这样的场面，明白这是决定命运的关头，心里忽然紧张起来。到了报名处，人家递给他一张表格，上面有姓名、籍贯、年龄等栏目，他是头一次拿到这东西，填写时心里慌乱，把年龄填到姓名一栏里，写了"十四"两个字。办事人员嘱咐不许填错，否则不能再给表，仲揆发现写错了，心里一惊。可是他灵机一动，把十字加八加子，成了他的姓，于是姓名成了李四，但他觉得这个名字太俗，抬头思索，眼光正碰到堂前的匾额，匾额上四个字"光被四表"，令他心中一喜，在四字后面加了个"光"字。他就用自己偶然间的命名参加了入学考试，成绩很好，于是李四光被录取。1902年冬，李四光进入武昌第二高等小学学堂读书，由于该学校是寄宿制，全部食宿均由学堂供给。每月补贴6块大洋。李四光立刻给父母写信报告这一好消息，全家都很高兴。一个从农村来的孩子，能有这样深造读书的机会多么可贵！李四光完全明白，因此，在学习上更加努力。学校开设的课程不少，有读经、修身、算术、中文、历史、地理和"格致”（物理、化学等自然科学当时称“格致”）。学校规定每月考试一次，名列前五名可以享受官费，保送到外国（英、法、德或者是日本）留学。

争取去日本留学

李四光入学后三次考试都列在第一名，但是几次公布的保送出国留学的名单里都没有他，觉得奇怪。一个与他要好的同学悄悄地告诉他：“你是农村来的穷人家的孩子，看你一无门第，二无靠山，他们把你挤掉了。”李四光听了非常气愤，仗着少年气盛，一怒之下离开学堂表示抗议。人在一个陌生的大城市，他能跑到那里去呢？最后学校把他找回来，学堂的监督竟斥责他说：“你要逃走吗？把学费交回来，21 两银子！”李四光气得脸色通红，眼含泪水，质问到：“学堂规定，考了前五名就送出国留学，我三次考都是第一，凭什么不送我？”校方本想压制无钱无势的农村孩子，不料遇到李四光的抵制。他们极力狡辩，却也怕事情闹大。这时有位姓张的教师，得知李四光受委屈，就出来说情，建议校方准许李四光再考一次，如果落榜，怪他自己不争气，如果仍旧名列前茅，学堂理应按规定保送他出国留学，这也是关系学堂声誉的事。学校接受了这位教师的建议，在下次考试中李四光的成绩仍赫然列在第一名。1904 年 7 月，李四光终于以优异的成绩，被破格选派赴日本留学。湖北省督抚致外事部的呈文中李四光的名字列在上面，呈文称：“第二高等小学学生李四光……均堪有官费派往日本留学，以资造就。”与他一起被保送的武昌高小学生一共四名。李四光回黄冈家乡，辞别父母，吃了一顿丰盛的团圆宴，欣然上路。这一次的出门是留洋。他到上海会同九名留日学生登上了赴日本的海轮。但由于官费有限，他只好买了统舱票，以便节约开支留作他用。第一次去这么远的地方学习，心情无比激动，特别是当船驶出上海吴淞口，眺望大海，波涛汹涌，茫茫无际；小小少年，心旷神怡，站在甲板上，久久不愿回舱。他的思绪随着海风海浪飘得很远，很远。经过漫长的旅行，轮船终于抵达日本的横滨港，后又乘汽车来到东京，但不巧的是，临行前，亲友饯行，李四光多吃了些甲鱼之类的荤腥，在海上又受了点凉，所以一到东京都腹泻不止，医院诊治为痢疾，并对他隔离治疗，只得借钱治病。这次得病对他影响很大，当大夫劝他平时多吃素少吃荤时，他永远记住了这个劝告，几乎一生饮食清淡，至多吃点鱼呀，蛋呀的。所以，有的朋友和他开玩笑说，李四光只是吃一些不会叫的东西。

在日本，李四光首先进入东京弘文学院学习，主要学习日本国的语言和初等数理等。1907 年 7 月毕业之后，李四光又考入大阪高等工业学校。据说，这个学校每年仅能吸收 10 名左右中国留学生，而报考者竟达千余人，李四光考中了，这是极其不容易的。

在学校，李四光学习刻苦，生活依旧清贫。每月收到的官费除用于必需的开支后，已所剩无几。为了省钱，他常常把生米放进暖水瓶中，加上开水，浸泡一夜，第二天，就着咸菜一起吃下去。除了学习、生活，李四光更关心祖国的命运。他常步入留学生会馆，听演讲，听报告，结识了许多民主革命家。他剪掉自己的辫子表示站在革命一边，拥护革命。1905 年 7 月，李四光终于在东京见到了他敬仰的伟大的民主革命先行者孙中山先生，并参加了孙中山领导的革命组织——“中国同盟会”的成立大会和宣誓仪式。孙中山曾亲切地摸着李四光的头说，你小小年纪就参加革命，很好，一定要“努力向学，蔚为国用”。当时，李四光年仅 16 岁。

1910 年 7 月，李四光从日本大阪高等工业学校毕业，结束了 7 年留学日本的生活，和同学们一起返回祖国。不久，他被派到武昌湖北中等工业学堂任教。从学生到教师，李四光感受到一种新鲜和责任，他对学生的要求是非常严格的。

孙中山曾亲切地摸着李四光的头说，你小小年纪就参加革命，很好，一定要“努力向学，蔚（Wèi）为国用”。当时，李四光年仅 16 岁。

立志科学救国

1911年10月10日晚，武昌起义爆发。当时，李四光正在北京参加留学毕业生的全国统一考试。他听到消息后，异常兴奋，立即收拾行装南下。回到武昌不久，李四光便被委任为湖北军政府理财部参议。后来，又改任湖北军政府实业部部长等职。然而，革命的发展并不是像他想象的一样。不久，袁世凯上台，打击和排挤革命党人。李四光发展实业、造福人民、建设新湖北的宏伟计划已成幻想，他内心郁闷，陷入彷徨之中。于是，李四光产生了再去读几年书，走科学救国的道路的想法。

1913年7月，李四光由官派出国，赴英国伯明翰大学继续深造，年轻的李四光如愿以偿。当时，和李四光一起留学的有4个人，政府发放的路费全是金条。李四光告诉同伴："你们慢慢收拾行李，我去银行兑换钱币。"当李四光来到银行的时候，他一身破旧的衣服引起了银行职员的怀疑，认为他偷了别人的金条而被抓了起来，任他如何解释人家也不听。他被关了起来，又冻又饿待了一晚上，第二天才被同伴救回。

青年李四光还心系父亲兄长，想着尽可能地节省出国旅费，省下来一部分交给他们，以供弟妹们上学之用。这是何等令人感动的情怀啊！李四光试图用所有的爱恋来报答14年乡村生活中父老乡亲所给予他的关怀与厚爱，就像他后来将自己的一生献给祖国一样，鞠躬尽瘁而又无怨无悔！

长途跋涉，远渡重洋，李四光第二次离开祖国，终于抵达伦敦。这里是资本主义文明的故乡，是近代产业革命的发源地。如今这里已经是车水马龙，五光十色，大厦林立的繁华景象。但在李四光的眼里，这一切无异于过眼云烟，他心里更渴求的是知识和科学。经过慎重的选择，李四光决定进入在采矿方面较为著名的伯明翰大学。他匆忙离

李四光的确是一位不知疲倦的学生，即使休息时间，也下放松学习。偶尔在假日走进公园……思考一连串的问题。

开了伦敦，来到了英国西部重镇伯明翰城，在学校附近的一所公寓住了下来。李四光的确是一位不知疲倦的学生，即使休息时间，也不放松学习。偶尔在假日走进公园，看看名胜古迹，身边也总是少不了一叠报纸杂志，或是一卷厚厚的书籍。在林荫道里，在流水旁，他一坐下来就抄抄写写，或是思考一连串的问题。

但平静的学习生活没有持续多久，1914 年 8 月 4 日，第一次世界大战爆发了。以英、法、俄为一方的协约国和以德、意、奥为一方的同盟国，为重新瓜分世界，争夺殖民地，展开了生死大战。一时间，生活物资日益短缺，物价开始上涨，闹得人们生活极度困难，许多留学生已无法忍受这种困苦，纷纷离开英国。但李四光硬是凭着顽强的毅力和从小养成的坚忍精神，节衣缩食，克服了种种困难，把学习坚持了下来。他常常利用假期，跑到矿山做临时工，赚钱维持生活，继续完成学业。在这样艰难的时候，他乐观旷达，劳逸结合，利用业余时间学会了拉小提琴，并成了终生的爱好。

功夫不负有心人，1918 年 5 月，李四光用英文写成了一篇长达 387 页的论文——《中国之地质》，并提交伯明翰大学地质系。6 月，他通过了论文答辩。由于这篇论文的提出，李四光被伯明翰大学授予自然科学硕士学位。不久，李四光接到了北京大学校长蔡元培先生发来的聘书，请他回国担任北京大学地质系教授。6 年多的英国留学生活就要结束了，尽管国内依然是军阀混战，你争我夺，李四光还是接受了邀请，带着为真理奋斗的治学精神，带着报效祖国的满腔热血，于 1920 年 5 月，李四光结束了漫长的求学之路，回到北京。此时，他已经 31 岁，在这位年轻的生命成长中，除了幼儿时期和暂短的工作以外，他几乎都在不停地在学习中忙碌着，东奔西走，上下求索。如今，对李四光来说，该是他向祖国贡献知识和学问的时候了！新的生活就要开始了！

李四光来到北大地质系后，主要讲授岩石学和高等岩石学两门课程。他备课认真，一丝不苟。对学生的要求很严格，特别注意对学生基础知识和基本功的训练。从岩石的肉眼识别，到显微镜下的鉴定以及进行全面的化学分析，他都要求学生能够掌握。他考试的方法不同于其他老师的方法，除了要进行笔头的问答以外，还发给学生几块岩石的标本，要求他们写出标本的名称、矿物成分、生成条件与矿产的关系等。他还极其重视书本以外的知识，经常带学生赴野外考察，边看边讲，边讲边看，要求同学们大量采集标本，回来后，归类整理，陈列在实验室供教学研究之用。

在长期的国外留学生活中，他亲身感受到中国人受尽歧视和耻辱，从而产生了强烈的民族自尊心。他曾说："我们不能不承认人家的文化程度比我们高，艺术比我们精。人家的地方已经开辟到十分田地，我们的一块沃土，还在那里荒着。能请他们来做，然后再拱手奉还给我们吗？世界上恐怕没有那么好的事。所以，我们的一线生机，还是立足于我们的民族，大家打起精神，举起锄头向前挖去。"所以，李四光上课的时候，除了科学上的一些专有名词以外，他始终坚持用中文讲解。有一次，上课的时候，一个学生叫他"Mr.李"，叫了几声，他就问那个学生叫谁？那个学生说："叫你。"李四光说："你可以称我老李、小李或阿猫、阿狗什么的，但是我不准你叫我'Mr.李'。"

有一次，李四光带了七八个学生到宜昌做野外考察，在街上看见一个美国人坐人力车不给车钱，还要拿起手杖打拉车人。李四光看到后，气愤极了，就跑到美国人面前一定要他付车钱，并且不准打人。那个美国人开始愣了一下，后来一看是一个穿破西服的中国人，竟蛮不讲理地冷笑一下，准备一走了之。李四光和七八个学生操起地质锤把他拦住了。那个美国人一看事情不妙，只得乖乖地给了车钱，灰溜溜地走了。路上的行人都为此感到扬眉吐气。

不辜负党的关怀和信任

1937年7月7日，日本侵略军发动"卢沟桥事变"，我29路军奋起抵抗，抗日战争全面爆发。8月13日，日军在上海登陆。12月13

日，南京沦陷。1938年10月，广州、武汉相继失守，国民党政府仓皇逃亡重庆。中央研究院也奉命随政府内迁。李四光率地质研究所南迁桂林，在这里度过了将近七个春秋。

1944年春，日军继续南侵，战事吃紧。李四光和地质所同事一起，携带轻便物品，于6月27日仓促离开桂林，经过20多天旅行，到达贵阳。一路上人挤人，水泄不通，又饿又渴，又乏又困，狼狈不堪。到了10月，日寇进犯更加凶猛，国民党军队溃不成军，眼看贵阳要被围困。李四光和同事们只好再次奔波，出贵阳，奔遵义，入四川，大概11月光景，终于到了重庆。长途奔波，精疲力竭，对一个55岁的知识分子来说无疑是一个不小的考验。到了重庆以后，李四光夫妇的健康情况已变得十分糟糕了，再加上触景伤情，李四光又想起了好友朱森*蒙冤离去的惨痛记忆，他的精神是极不愉快的。对时局的愤慨和生活的困苦二者交织在一起，使这位一向坚强的学者也禁不住流下了辛酸的眼泪。

1947年6月6日，中国地质学会理事会在南京决定，让李四光代表中国参加1948年8月在英国首都伦敦召开的第18届国际地质学会。李四光感到这是离开乌烟瘴气的国统区的好机会。他极其珍视这个机会，用了大约一年的时间准备论文，反复修改，力争代表中国发表高质量的学术见解。这也是李四光的一贯学风。1948年2月，李四光从上海启程，几经辗转，直到4月初，才在香港搭上一艘挪威货轮。大海里的航行是异常艰辛的。对一个年近花甲的老人来说，已不再充满神奇。面对滚滚波涛，海风呼啸，李四光心中思念自己的祖国，祖国正像一艘火海里的航船，中国的人民正在忍受战争的煎熬。

经过大约两个多月的艰难航程，货船终于抵达法国南岸的大港马赛。上岸后，他改乘火车经法国首都巴黎，再横渡英吉利海峡，抵达英国伦敦。码头上，可爱的女儿正站在那里迎接他。李四光的女儿李

注：朱森遭人诬告，说他重复冒领平价米，当时教育部长给他记大过处分，由于过分忧郁又胃病发作，于1942年7月6日含恨英年早逝。

熙芝当时正在英国剑桥大学读书。她早早地等候在多佛尔码头，迎接父母的到来。1949 年 9 月 21 日，中国人民政治协商会议在北平开幕。在公布的各民主党派、区域代表、军队代表、团体代表和特邀人士等名单中，李四光是作为中华全国第一次自然科学工作者代表大会筹备委员会的代表之一而列选的。但是，正当李四光以焦急的心情准备回国时，台湾的国民党却正在酝酿着一个罪恶的阴谋。国民党驻英大使郑天锡接到国民党外交部的密令，要李四光公开发表声明，拒绝接受共产党领导的全国政协委员职务，否则就将其扣留。一个朋友将这一切打电话告诉李四光。接到这个消息之后，李四光当机立断，拿起一个小皮包，只身从普利茅斯渡过英伦海峡来到法国。

1950 年 3 月初，李四光秘密回到香港，随即住进他的朋友预先安排的一个僻静的住所。

1950 年 4 月 6 日，李四光夫妇一大早就来到车站，6 点多钟便乘上了香港至九龙的火车。不久便踏进了祖国南方的大门。这是多么令人激动和难忘的时刻啊！

1950 年 5 月 6 日清晨，李四光夫妇到达北京，受到新老朋友的热烈欢迎。李四光被安排住在当时北京最高级的饭店——六国饭店。一个多星期后，又迁到北京饭店。住进北京饭店的第二天晚上，周恩来总理在百忙之中前来看望他们，令李四光夫妇十分激动。周总理鼓励李四光协助郭沫若院长做好自然科学方面的工作，同时发挥专业特长与优势，把组织全国地质工作者为国家建设服务的主要责任担负起来。李四光会意地连连点头，他说："今天是中国前所未有的大时代，一切人都要努力，不能落伍。"正是在党和人民的关怀、重视和信任下，李四光开始了在新中国最有意义的工作。

李四光的贡献

李四光的最大贡献是创立了地质力学，并以力学的观点研究地壳运动现象，探索地质运动与矿产分布规律，他确立了新华夏构造体系的概念，分析了其特点，并运用这些理论概念探讨了中国的地质条件和石油形成条件。作为一名著名的科学家、地质学家、教育家和社会活动家，李四光一生奔波劳苦，致力于教育和学术，给世人留下了享用无尽的精神财富。他曾说过："我是炎黄子孙，理所当然地要把学到的知识全部奉献给我亲爱的祖国。"著作有《中国地质学》、《地质力学概论》、《地震地质》、《天文、地质、古生物》等。

长大了要造一座不塌的桥

——从小努力学习打下坚实基础的茅以升院士

茅以升简介

茅以升 (1896—1989)，字唐臣，江苏丹徒 (今镇江) 人。桥梁学家、教育家。1916 年茅以升通过了美国康奈尔大学研究生入学考试，其成绩之优秀，使该校教授们大为惊讶和赞叹。1917 年获康奈尔大学研究院专业硕士学位，1919 年获美国加利基理工学院工学博士学位。1919 年 12 月，24 岁的茅以升毅然回国。先后任唐山工业专门学校教授，南京国立东南大学工科教授兼主任，南京河海工科大学校长，天津北洋工学院院长兼教授，江苏省水利局局长，交通部中国桥梁公司总经理兼总工程师，北方中国交通大学校长等职。1955 年被选聘为中国科学院学部委员 (院士)。1952 年加入九三学社。九三学社第四届中央委员会常委，第五、六、七届中央委员会副主席，第八届中央委员会名誉主席。

茅以升 (1896—1989)

茅以升 3 岁时接受母亲的启蒙教育，5 岁读私塾，7 岁入思益学堂 (1903 年在南京创办的国内第一所新型小学)，1905 年入江南商业学堂，1911 年考入唐山路矿学堂。每次考试，他的成绩都是全班第一，5 年各科总平均925分，为该学堂历史上所罕见。

长大了要造一座不塌的桥

茅以升从小好学上进，善于独立思考。在有六朝故都之称的石头城南京，一年一度的端午节到来的时候，秦淮河上都要举行盛大的龙舟比赛。茅以升9岁那年，在端午节的前一天，他跟几位同学相约，一起去看那每看一次都会让他们激动不已的龙舟比赛。可是当天晚上，茅以升突然闹起肚子来了，腹痛不已，直到进入下半夜，病情才渐渐好转。第二天，按茅以升自己的意思，龙舟还是要去看的，但母亲实在不放心，硬是逼着他留在了家里，不准出门。

茅以升人在家中，心却早已飞到了秦淮河上。好不容易挨到了夕阳西下的黄昏，小伙伴们来了。他们去之前答应过，要把赛事原原本本地讲给茅以升听的，可是，从他们的脚步声中，从他们的脸上的表情，茅以升没有感觉到任何与快乐有关的东西，一点都没有。看到的却是一张张哭丧着的小脸，听到的是承载着重重心事的脚步声。

“出事了，秦淮河上出事了！”

是的，那是那一年里南京城中发生的最大的事情之一，一件乐极生悲的大事。就在那次万众瞩目的龙舟赛事中，由于观众远远多于往年，历来被当作看台之一的文德桥实在无法承载越来越多的观众，突然之间竟轰隆隆地一下子坍塌下来。好多好多的人就这样跌落在河里，有些人下去了就再也没有来……

母亲有些后怕：要是儿子去了，他可能也会挤上那座文德桥，可能也会掉进河里，甚至可能……但关在家里、躺在床上的茅以升却并不这样想，他为发生在咫尺之间的这惊天动地的祸事震惊了！小伙伴们陆续离去，茅以升渐渐冷静下来，他开始接二连三地，给自己，也给大人们提出了问题：桥，怎么会突然坍塌？那是因为桥不牢固；桥为什么会不牢固？原因一定很多，造桥的材料，造桥的技术，造桥的人……总之要是桥造得牢固，就不会发生那场惨祸了吧？长大了，我

长大了，我要是能造一座不会坍塌的大桥该有多好啊！

要是能造一座不会坍塌的大桥该有多好啊！

在他幼小的心灵里埋下了理想的种子——长大以后要为人民造桥，造非常非常结实的大桥。从此，茅以升只要看到桥，不管它是石桥还是木桥，他总是从桥面到桥墩看个够。茅以升上学读书后，从书本上看到有关桥的文章、段落，就把它抄在本子上，遇到有关桥的图画就剪贴起来，时间长了，足足积攒了厚厚的几大本子。

从小善于读书

他出生在一个贫寒的读书人的家庭里。母亲是一个有学问，有见地的妇女，为了孩子的前途，她省吃俭用供孩子上学，为茅以升日后成才铺平了道路。茅以升在学堂里，年龄小，个子矮，身上穿的也很破旧。有钱人家的子弟经常讥讽和欺侮他。茅以升十分气愤，全然不顾周围的冷眼和歧视，发愤读书，一直是全班学习成绩最优秀的学生。

他从小不但酷爱读书并且还善于读书。许多人惊羡他神奇的记忆力，殊不知这是靠他勤奋的背诵锻炼出来的。茅以升为了锻炼记忆力，每天早上就站在河边背诵古诗、古文。河面上，风帆往来，渔歌阵阵，他能视而不见，听而不闻，完全沉浸在自己所需要的知识海洋里。天长日久，他不仅背熟了许多古诗、古文，而且有效地增强了记忆力。茅以升学习刻苦勤奋，加上天资聪慧，爷爷十分喜爱他。有一年暑假，爷爷亲自教他学习古文。爷爷教古文的方法很特别，让他先把文章从头到尾抄录一遍，一面抄写一面讲解，等全篇抄完之后，让他练习背诵讲解，这样，一个暑假过去了，小以升能背诵上百首古诗和十几篇古文。一天，他爷爷用毛笔抄写古文，茅以升站在一旁默记。等爷爷搁下毛笔，他竟然把一篇《京都赋》一字不漏地背了出来。爷爷惊喜地说："好啊，熟能生巧，巧能出快！"

茅以升不仅背诵古诗、古文，而且还不畏枯燥，背诵那些抽象的数字。一次，他看到有篇文章把圆周率的近似值写到小数点后面 100 位，就决定背诵这些枯躁的数字来锻炼记忆力。于是，他一节一节地

他从小酷爱读书并善于读书。许多人惊羡他神奇的记忆力，殊不知这是靠他勤奋的背诵锻炼出来的。

来记这一长串数，尽管很难记，但从小数点后十几位，到几十位，直到100位，他硬是熟练地背了下来。

茅以升中学毕业后，先考入唐山工业专门学校土木系。1916年毕业后，以唐山路矿第一名的成绩，被清华学堂官费保送留美，成为研究生，9月起程到美国康奈尔大学报到。谁知该校注册处主任傲慢地说："中国唐山这个学校从来没有听说过，必须重新经过考试，合格后才能注册"。重新考试后，茅以升的成绩极佳，学校给他注册为桥梁专业研究生。从此以后，唐山路矿学堂毕业生保送到美国康奈尔大学读研究生的，特许不再经过考试这一关了。茅以升于1917年获康奈尔大学研究院专业硕士学位，1919年获美国加利基理工学院工学博士学位。博士论文题为《桥梁力学第二应力》，这篇论文，在当时具有世界水平，因而荣获加利基理工学院颁发的金质研究奖章。1919年12月，获得美国加利基理工大学第一个工学博士学位后，24岁的茅以升毅然回国，在交通大学唐山学校任教授。茅以升说："回顾我的读书生涯，14年的努力，好比造桥，为我一生事业建造了坚实的桥墩。"

中国自己建造的第一座大桥

1933年，37岁的茅以升任钱塘江大桥工程的工程处长，负责设计和领导建桥工作。在钱塘江口建造大桥，首先遇到的是钱塘江潮水和流沙这两个极难克服的障碍。潮水来时，从大海直奔江口，非常汹涌，潮头像一堵墙似的向前推进，它的高度可达到9米，破坏力惊人。因此，在这里建桥，必须加倍牢固，否则怎么经得起潮水的冲击呢?钱塘江底也和其他江河不同，岩石层上面覆盖着一层厚厚的流沙，深达40米。这些流沙都是很细的沙粒，一遇水冲，就随波逐流，使江底变化不定。因此，自古以来，就有"钱塘江无底"的说法。茅以升迎着困难而上，他在实践中总结经验，引用了一项在当时属于新工艺——气压沉箱法，在水下建筑桥墩。在施工过程中，他亲自现场指挥下入沉箱。

1937 年 9 月 26 日，我国自行设计和施工的第一座近代大桥，以超常的速度奇迹般地出现在大江之上。钱塘江大桥全长 1453 米，其中主桥为 1072 米，分为 16 个相等的跨度连接南北两岸。大桥分上下两层，上层是双线公路，下层是单线铁路。大桥的南北引桥和桥墩的形式多样，造型很美观。它与附近月轮山上的六和塔交相辉映，更显出景色的壮观。

茅以升简介

20 世纪 30 年代，主持设计并组织修建了钱塘江公路、铁路两用大桥，成为中国铁路桥梁史上的一个里程碑，在我国桥梁建设上作出了突出的贡献。新中国成立后，他又参与设计了武汉长江大桥。茅以升一生学桥、造桥、写桥。他在中外报刊发表文章 200 余篇。主持编了《中国古桥技术史》及《中国桥梁——古代至今代》（有日、英、法、德、西班牙五种文本）、著有《钱塘江桥》《武汉长江大桥》《茅以升科普创作选集》《茅以升文集》《中国古桥与新桥》等。茅以升是最早从事科普事业的科学家之一。在他发表的 200 多篇论著中，有关科普工作的论著和科普文章约占 1/3。他的《没有不能造的桥》一文，在 1981 年荣获全国新长征科普创作奖一等奖。

牢记“水滴石穿”座右铭

——记童第周院士从小奋发学习的故事

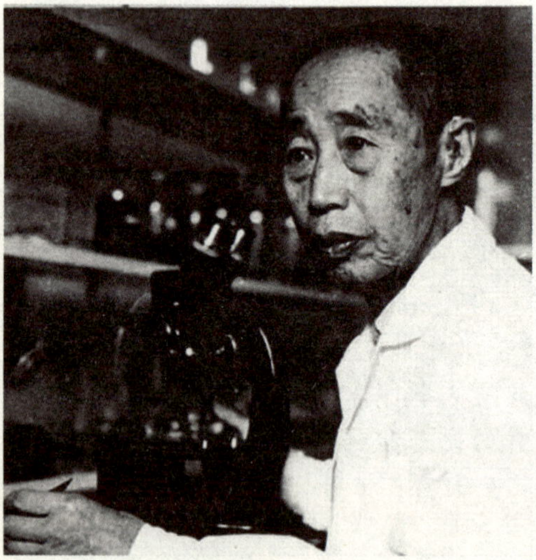

童第周（1902–1979）

童第周简介

童第周（1902–1979），字蔚孙，浙江省鄞县人，是享誉海内外的卓越的生物学家、教育家。1922年毕业于宁波效实中学，接着考入复旦大学哲学系；1927年毕业于复旦大学哲学系心理学专业，同年到南京中央大学（现南京大学）生物系任助教。1930年到比利时的布鲁斯尔自由大学留学。1934年获布鲁斯尔自由大学博士学位，后到英国剑桥大学作短期访问并于年底回国，任山东大学生物系教书是中央研究院院士和中国科学院第一批学部委员（院士）。生前曾担任过中国科学院副院长、动物研究所所长。

1902年5月28日出生于浙江鄞县一个农民家庭。童年丧父，家境清贫，靠哥哥们抚养。后来童第周回忆自己童年的时候感慨地说：“在效实的两个‘第一’，对我一生有很大影响。那件事使我知道自己并不比别人笨，别人能做到的，我经过努力也一定能做到。世上没有天才，天才是用劳动换来的。”

滴水穿石的故事

童第周出生在宁波鄞县塘溪镇童村，这是一片山清水秀，人才辈出的土地。童第周的父亲是村里的私塾先生，在这个小山村里，他家还称得上"书香门第"。童第周小时候好奇心十分强，看到不懂的问题往往要向父亲问个为什么。他脑子里好像装满了"为什么"似的。不过父亲每次都不厌其烦地耐心给他讲解。一天，他在屋檐下的阶沿上玩"跳房子"的游戏，童第周看到屋檐下的石阶上整整齐齐地排列着一行小坑，他觉得十分奇怪，琢磨半天弄不明白是怎么回事，便去问父亲："爸爸，那屋檐下石板上的小坑是谁敲出来的？是做什么用的呀？"父亲看到儿子这么好奇，高兴地说："这不是人凿的，这是下雨天屋檐水滴下来敲的。"小童第周更觉得奇怪了，水还能把坚硬的石头敲出坑？父亲耐心地解释说："一滴水当然敲不出坑，但是天长日久，点点滴滴不断地敲，不但能敲出坑，还能敲出一个洞呢！古人不是常说'滴水穿石'嘛！就是这个道理。"父亲的一席话，在小童第周的心里激起了一阵阵涟漪，他坐在屋檐下的石阶上，望着父亲，似懂非懂地点了点头。

到了八九岁，童第周像村里所有农家孩子一样，要帮家里放牛羊，割猪草，挖番薯等。父亲觉得也该让他读书识字了。但自己收入微薄，只得让童第周白天干农活，晚上读书。到了农忙季节，童第周忙于干活，对学习失去了信心，就对父亲说："靠晚上学一点，学不了多少，干脆不念了吧！"父亲理解孩子的苦处，但想了想说："第周，你还记得吧，小小的檐头水，能把石板滴穿，难道一个人的恒心连檐头水还不如吗？学知识也要靠一点一滴积累，坚持不懈，才能获得学问。"这番话坚定了童第周的意志。随后父亲挥笔写下了"滴水穿石"四个大字，赠给他，并充满期望地鼓励道："要把它作为座右铭，永志不忘。"从此，童第周边劳动边学习，凭着顽强的毅力，打下了较好的文化知识基础。1916 年父亲因病去世，童第周代替父亲做起了私塾教师，一面自修文化课。

为了更好地鼓励童第周，父亲书写了“滴水穿石”四个大字赠给他，并充满期望地说：“你要把它作为座右铭，永志不忘。”

效实中学的两个“第一”

1918 年 9 月，童第周怀着强烈的求知欲望，迫切希望去宁波读书，在他的二哥、三哥的接济下，考入了一个可供食宿的宁波第四师范学校。读了两年，他感到不满足了。放假回家，他鼓起勇气提出：“大哥，我想考效实中学!”“什么?”大哥迅速地把目光从弟弟的成绩单上移到弟弟的脸上，感到十分惊讶，因为他对当时闻名全省的效实中学早已“如雷贯耳”，而眼前的弟弟分明是好高骛远，因为过去农村私塾未设数学、英语课，弟弟在师范学习就已经够呛了，更不要说上效实中学。大哥重新用审视的目光对准了弟弟。但童第周更加坚定地要求：“我一定要上效实中学!”大哥深知弟弟的脾气，一旦下了决心，就难以改变他。不过还是提醒他：“听说，效实中学教学除历史、语文外，全部采用英语讲课，你没有英语基础，能行吗?”童第周却胸有成竹地说：“我早在一个月前已开始自学英语了，再有暑假两个月的准备，争取闯过入学考试关。”看着童第周这副少年老成的样子，大哥答应弟弟的要求。童第周旋即回到书桌旁坐下，望着墙壁上父亲当年为他亲题的“滴水穿石”四个大字，坚定了应考效实中学的信心。整个暑假，童第周除了吃饭，很少离开书房。母亲也不过问他准备的情况，只是每天子夜，老人都要悄悄地起床，隔着窗户注视一会儿子房间的灯光；平生爱动的老太太，一反多年的习惯，每天清晨起来就端个凳子坐在门口，防止其他孩子闯入她新划的“禁区”。

开学前两天，大哥突然接到一位好友寄自宁波的信，他急忙拆开，大略一看，便一下坐在椅子上，半天说不出话来！原来，信上写着这样几句话：

……遵兄至嘱，多方探问效实考期，今日获悉，该校因故年内不招新生，只招少数优等生到三年级插班。特此禀告！

这是一个不能不告诉童第周的消息，大哥踌躇再三走到弟弟房间门前，有些不忍心进去，因为，这突如其来的消息，对童第周无疑是兜头一瓢冷水！

童第周见大哥来到门前，知道一定有什么要紧事情，忙站起身来让哥哥坐下。

“宁波好友来信说，效实中学今年因故不招生。”大哥坐下停了一会，才艰难地说出这句话。

“三年级的插班生也不招吗？”站在旁边的童第周急切地问。

“招是招的，然而那有何用？而且——哎，你是怎么知道的呢？”大哥奇怪了，这封信，除了他，还没有第二个人看过呀？弟弟又不可能接到别的信。

“我是放假的时候就听说过的。”童第周微笑着回答。

“这么说，你本来就是要准备考插班生的了？！”

“是的！”

弟弟答得很平静，大哥听得很激动，大哥觉得，在弟弟身上，好像发现了过去没有见过的东西，弟弟的志气，远远比自己了解的要高、要大！想到这里，大哥兴奋得把眉毛一扬，说：“那好，你就试一试吧！”

童第周“试”的结果，竟然考取了。他成了效实中学有史以来第一个从没上过中学而考取三年级的插班生。不过，成绩是倒数第一。

大概每个学校都有过这样的情况：一到“放榜”的时候，“倒数第一”会和“正数第一”同样引人注意，甚至那附在“凤尾”的人更会成为议论的中心。童第周这时的遭遇正是这样，在效实中学，18岁的他，年纪要比同班同学大上一截，穿上土布衣，胆怯地坐在教室的最后一排。各种各样的议论纷至沓来：

“听说是农村来的，一天中学也没有念过！”

“听说他的英语是用一个暑假突击出来的！”

“哼！牛尾巴上的苍蝇，早晚会被甩掉——不是留级，便是退学！谁不相信的话就和我赌东道。”

尖酸刻薄的话语，深深刺痛了童第周心灵，他强忍着不作声。“我偏要学点成绩出来，让你们看看！”他一入校，便和一个地方结下了不解之缘，那就是图书馆。除了上课，他便一头扎进图书馆里，如饥似渴地苦读。比起他在乡下那间小小的书房兼卧室来，这图书馆不知要宽敞多少倍，古今中外的各种名著，也多得美不胜收。但是，童第周并没有眼花缭乱，好像第一次从小溪进入到江河游泳，童第周深深知道：自己的任务，绝不是沉浸在知识的海洋里欣赏美景，而是要看准目标，顽强拼搏。

但是，事情并非像童第周想的那么简单。效实中学对数、理、化和英语的要求特别严格，以前父亲教童第周学的只是语文，而且偏重古文，这对数理化和英语毫无基础的童第周来说，想在效实出类拔萃，谈何容易。尽管苦苦努力，第一学期的期末考试，他的平均成绩除语文外，不到60分，在全班倒数第一，按校规，平均成绩不及格，必须留级或退学。

"你们看，我没讲错吧，牛尾巴上的苍蝇，给甩下来了吧！"原先打赌的同学这时都得意起来了。

童第周看着成绩单，禁不住哭了。

他想起接到效实中学录取通知书的那天，全家是多么高兴，母亲还熬了夜，给他赶缝了一身土布衣服。

他想起入学那天，大哥翻山越岭徒步从百里外把他送到学校门口，充满希望地目送他走进校门。

他想起了给哥哥给他缴纳昂贵的学费，这一家人节衣缩食，好不容易才积起了一笔钱。童第周想到家里吃番薯、喝六谷糊的亲人，一阵心酸：我考得这么差，怎么对得起含辛茹苦送我上学的亲人！难道我就比别人笨？不信，我一定要超过别人！

于是他擦干眼泪先去找数学的级任老师（班主任），又去恳求校长。校长被童第周苦苦请求和决心感动了。答应试读一学期，并告诉他："半年以后如再跟不上，那就不准留级，只能退学了。"童第周发誓：不但要跟上，而且要超过同学们。

新学期开始了，每天晚上熄灯钟声敲过后，童第周睡的床铺仍是空荡荡的。

几夜下来，同宿舍的同学又议论起来了："哎，这乡下佬好几天都深更半夜回来，大概功课学不进，到哪里找女朋友去了吧?”几天后这股风吹到级任老师耳朵里，他摇摇头叹气道：“唉，真不争气，真是……”他想到，如果自己班的学生行为不轨，是有损于效实中学声誉的。但童第周平日十分用功，品行端正，又不像胡作非为的人。老师决心查实后再去报告校长。

一天晚上，级任老师访友回校，已近半夜。走到第一实验室附近，隐约看见前面路灯下仿佛蹲着一个人。他开始认为是小偷，心头一惊，急忙轻轻靠近，那人突然站起来说：“老师，我是全班成绩最差的童第周，我请求延长学习时间。”级任老师一听大为震惊，心想：“讲老实话，我教了几十年书，从未听到学生有这样坦诚的自我表白。”他一下子明白了童第周晚上“失踪”的秘密，原来是童第周正在专心致志做几何题。为自己错怪了这个学生而感到内疚。他不忍打扰，轻轻走开了。可没走几步又感到这么晚了，必须动员童第周休息。级任老师走回来亲切地拍着他的肩膀说：“童第周，已经12点了，该休息了。”童第周吃了一惊，抬头一看是级任老师，歉意地向老师点了点头说，“陈老师，我要抓紧时间把功课赶上去，我不要倒数第一名。”然后，收起书本同老师道别离开了。老师目送他往宿舍方向走去，可他发现童第周没走多远，又在另一盏路灯下停下来继续学习了。老师心里暗暗夸奖：这样刻苦的学生，一定会有希望的。他悄然离开了。

在级任老师的提议下，校长破例允许童第周在教室里延长夜自习。功夫不负有心人，他终于取得了惊人的进步，学习成绩突飞猛进，第二学期结束时，他的总平均成绩都在70分以上，到高三期末考试他总成绩名列全班第一，数学考试还得了100分。校长无限感慨地说：“我从事教育多年，从未见过进步这样快的学生！”那些曾经讥笑童第周的同学，也对他刮目相看了。后来，童第周深情地回忆说：“在效实的两个‘第一’，对我一生有很大的影响。它使我知道自己并不比别人笨，别人能做到的，我也一定能做到，世界上没有天才，天才是用劳动换来的。”

“陈老师，我要抓紧时间把功课赶上去，我不要倒数第一名。”……童第周又站在路灯下捧着书本读了起来。

中国人不是笨人

1930年童第周在亲友们的资助下，远渡重洋，来到北欧比利时的首都——布鲁塞尔。在欧洲著名生物学者勃朗歇尔教授的指导下，研究胚胎学。当时，他发现有的外国留学生对中国人抱着一种藐视的态度，说“中国人是弱国的国民”。和他同住的一个洋人学生，公开说：“中国人太笨。”听到这些，童第周再也压抑不住满腔的怒火，对那个洋人说：“这样吧，我们来比一比，你代表你的国家，我代表我的国家来和你比，看谁先取得博士学位。”

童第周憋着一股气，在日记中写下了自己的誓言：“中国人不是笨人，应该拿出东西来，为我们的民族争光!”

研究胚胎学，经常要做卵细胞膜的剥除手术，有一次做实验，教授要求学生们设法把青蛙卵膜剥下来，这是一项难度很大的手术，青蛙卵只有小米粒大小，外面紧紧地包着三层像蛋白一样的软膜，因为卵小膜薄，手术只能在显微镜下进行。许多人都失败了，他们一剥开卵膜，就把青蛙卵也给撕破了。只有童第周一人不声不响地完成了这项实验任务。

布朗歇尔教授知道后，特地安排了一次观察实验，把学生们都找来看。实验开始了，童第周不慌不忙地走到显微镜前，熟练地操作着。人们看到，他像钟表工人那样细心，像绣花姑娘那样灵巧，像高明的外科医生那样一丝不苟。在显微镜下，他先用一根钢针在卵上刺了一个小洞，于是胀得圆滚滚的青蛙卵马上就松弛下来，变成扁圆形的，再用钢镊往两边轻轻一挑，青蛙卵的卵膜就从卵上顺利地脱落下来了。他干得又快又利落。

“成功了！成功了!”同学涌上去祝贺，勃朗歇尔教授更是激动万分，这是他搞了几年也没有搞成的项目啊！他抑制不住内心的喜悦，连声称赞：“童第周真行！中国人真行!”童第周剥除青蛙卵膜手术的成功，一下子震动了欧洲的生物界。4年之后，通过答辩，比利时的

和他同住的一个洋人学生，公开说：“中国人太笨。”……童第周再也压抑不住满腔的怒火，对那个洋人说：“这样吧，我们来比一比，你代表你的国家，我代表我的国家来和你比，看谁先取得博士学位。”

学术委员会决定授予童第周博士学位。在荣获学位的大会上，童第周激动地说："我是中国人，有人说中国人笨，我获得了贵国的博士学位，至少可以说明中国人绝不比别人笨。"在场的教授纷纷点头，有的还伸出大拇指。而那位洋人学生却一篇论文也没有，更谈不上当博士了。

昂贵的显微镜

1937年抗日战争爆发，童第周谢绝了专家和同学们的挽留，毅然回到了灾难深重的祖国。他来到四川宜宾一个村镇教书。他们一家人靠着少得可怜的薪水生活。当时，童第周在一所大学教书，教书之余，童第周在紧张的教学中始终没有忘记搞科学研究。可是，这里没有科学仪器，连一架显微镜也没有，没办法继续开展胚胎学的研究工作。做实验就得有实验设备，可上哪儿去弄这些设备呢？为此，童第周吃不香、睡不着，科学研究是他生命中最大的事情，不能搞科学研究就像要了他的命一般的难受。一天，童第周从外面回来，满面春风，他兴冲冲地告诉夫人叶毓芬，说他发现了一个宝贝。很长时间没见到过丈夫笑脸的夫人感到很奇怪，什么事值得丈夫这样高兴？她问道："什么宝贝？""我见到了一架显微镜，还是双筒显微镜！""在哪儿？"夫人也激动起来，要知道，显微镜是进行胚胎学实验最主要的仪器，有了它，就可以做实验了。"在镇上的旧货摊上。"童第周边回答，边拉着夫人出门，他要让她和自己一起享受发现"宝贝"的喜悦。两人高高兴兴地来到了旧货摊，果然，一架旧的双筒显微镜摆在那儿，似乎正在向他俩招手。

"请问，这架显微镜要多少钱？""六万块。"夫妇两人吃了一惊，这么贵？这个价钱相当于两人两年的薪水。"这么贵？能不能便宜点？""不行，你们看，这还是德国货。"老板打量着他们，凭经验断定，他们是真心想买的，所以要价比较高。没办法，两人只好空手而归。梦寐以求的东西，就放在眼前，可是又不能得到。晚上，他们翻来覆去，就是睡不着觉。

第二天，两人又到了旧货摊前，跟昨天一样，显微镜还在那儿。可唯一不同的是，老板居然还涨了价，要卖“65000块”了，理由是物价飞涨，昨天和今天的钱就是不一样。同样，他们又是空手而归。接连几天，他们一趟又一趟地往旧货摊上跑，生怕心爱的显微镜被别人抢走。老板很不耐烦，后来干脆不理他们了。夫妇俩下定决心，为了搞科研，这台显微镜非买不可。家里实在是没有钱，他们就开始到处向亲友借钱，还变卖了不少衣服。“可是，我们说不定多少年都还不清这笔债呀！”夫人担心地说。“为了事业，宁可一辈子受苦！”童第周回答。他们终于凑齐了65000元，买回了这台显微镜。

有了显微镜，但没有所需要的灯光照明，还是不能进行操作。他们只好把显微镜搬到室外，冬天利用雪地微弱的反光，他忘记了寒冷在聚精会神地工作着。夏天烈日当头，汗流浃背即使汗水滴在视镜上模糊了视线，或是风把一粒小沙子吹进了载物器，甚至占据了整个视野……童第周仍然坚持攻关。一般说来，每一个试验数据都要重复一、二次，而他往往要重复五、六次。然而，就在这简陋的显微镜下，在这低矮的小土屋里，童第周却撰写了一篇篇具有学术价值的论文，震惊了国内外生物界的学者。

“童鱼”

1973年，在周总理的亲切关怀下，童第周和他的伙伴们开始了细胞遗传学的研究工作。他在解剖显微镜下，用比绣花针还细的玻璃注射针，把从鲫鱼的卵细胞中取出来的遗传因子，注射到金鱼的受精卵中。金鱼的卵还没有小米粒大，做这样的实验该有多难啊！可是童第周成功了，结果孵化出的幼鱼中，有一条鱼披着金色的鳞片，长着鲫鱼那样的单尾巴，说明鲫鱼的遗传基因，已经在金鱼卵中发生了作用。这种鱼因为是童第周创造出起的，因此，人们叫它“童鱼”。童第周的实验成果，为生物学作出了巨大贡献。

1978年春天，大地复苏，是金鱼繁殖的季节，为了探索生物遗传性状的奥秘，年过古稀的童第周，开始了新的探索。他选择了金鱼和鲫鱼作为他的实验材料。实验室里，童第周坐在实验台前，助手们在实验室里紧张地忙碌着，做着实验前的准备。这是一场紧张的战斗就要打响的时刻，一切都在有条不紊地进行着。童第周想通过这个叫做核酸诱导的试验来验证他自己在科学研究上的设想。金鱼排卵了，排出的受精卵比芝麻还小！

一场紧张的战斗开始了，助手们把他们已经提纯过的鲫鱼卵的核酸（一种化学物质），迅速送到童第周的手边，童第周用他那灵巧的双手将这些核酸注入了金鱼受精卵的细胞质内。他想看看鲫鱼卵的核酸对金鱼的受精卵是否有影响，看看由这种金鱼受精卵长大而成的金鱼的性状是否会发生变化。从清晨到下午两点，8个小时过去了，实验在一批接一批地进行，坐在实验台前的童第周，已经是腰酸背疼、饥肠辘辘了。但是，他还是顽强地坚持着，一丝不苟地操作着。助手们都看不过去了，要知道，童第周已是70高龄的人了啊！

“童老，您休息一会儿吧！”一位助手忍不住说道。童第周摇摇头说：“应该记住，我们的事业需要的是手，而不是嘴！而且，你们不是和我一样忙吗?”童第周就是这样，以身作则，严格要求自己。助手们每人一个实验记录，他都要亲自过目。他常以“认真是成功的秘诀，粗心是失败的伴侣”来勉励他的助手。后来，助手们都成了他的亲密的朋友。

不久，这些由动过手术的受精卵产生的金鱼慢慢长大了，奇迹也出现了。童第周和他的助手们惊喜地发现，一些金鱼出现了奇妙的变化：在发育成长的320条幼鱼中，有106条由双尾变成了单尾，金鱼表现出鲫鱼的尾鳍性状！这些鱼既有金鱼的性状，又有鲫鱼性状。这说明，从鲫鱼卵中提取的核酸对改变金鱼的遗传性状起着显著的作用。这也说明并不只是细胞核控制生物的遗传性状，细胞质也起着非常重要的作用。

实验的成功，证实了童第周的设想。童第周的脸上露出了成功后的喜悦之情。这种单尾的金鱼就是诗人赵朴初所称誉的“童鱼”。“童鱼”，它是童第周汗水、意志和心血的结晶。它的身上凝聚着童第周的智慧和求实精神，是童第周在探索真理道路上的一个里程碑。后来，童第周还采用了亲缘关系更远一些的种类，来做类似的实验，也获得了成功，从而更有力地证实了他的设想。

童第周的贡献

中国实验胚胎学的创始人。用分裂球活体染色法证明海鞘镶嵌型发育的极性或轴性，以纤毛的运动作为实验对象和极性指标，探讨胚胎极性这样一个胚胎发育的重大问题；在文昌鱼发育方面，研究分裂球之间的相互关系，胚层之间的相互关系以及诱导作用等，使胚胎学界对文昌鱼个体发育有了全新的认识。对于理解系统发育起到了启迪作用；晚年进行了细胞核和细胞质在发育中关系的研究，证明了在个体发育中，核与质之间不是彼此独立的，而是有非常密切的关系。

“东方圣母”式的女性

——记从小立志学医的林巧稚院士

林巧稚（1901–1983）

林巧稚简介

林巧稚（1901–1983），医学家、中国妇产科学的主要开拓者之一。1929年毕业并获得北京协和医学院医科学士及美国纽约州立大学医学博士学位，是当届“文海”奖学金唯一获得者。1959年她由国务院任命为中国医学科学院副院长，中国科学院首届当选的唯一女学部委员；又曾任国务院科学规划委员会医学组成员、中央技术管理局发明审查委员会委员；中华医学会副会长、中华医学会妇产学会主任委员和中华妇产科杂志社总编辑，卫生部教材编审委员、考试委员会委员、医疗事故鉴定委员会委员以及中国人民保卫儿童全国委员会委员等。

林巧稚出生于厦门鼓浪屿的一个基督教家庭，父亲早年留学新加坡，是一个受过现代教育的归侨。思想开明的父亲没有因为巧稚是女孩而轻视她，因此巧稚没有像其他女孩一样裹小脚，早早嫁人，而是从小就跟着哥哥和父亲一起学习英文，诵读圣经。然而不幸的是，在林巧稚5岁时，她的母亲因为身患宫颈癌不幸去世，而父亲在母亲去世之后不久也因伤心过度病倒了。“学医，当个医学家”当时还是个孩子的林巧稚在失去亲人的痛苦中在心底里植下了学医的宏愿。

学习注重联系实际

1906 年，林巧稚 5 岁时的母亲因患子宫颈癌去世。林巧稚丧母后，由大哥大嫂抚养。大哥大嫂为了她能读书，而不得不让自己的孩子中途辍学。1908 年，林巧稚上蒙学堂（女子小学校），之后，就读于鼓浪屿怀仁学校（鼓浪屿女子高中）。3 年后升入鼓浪屿高等女子师范学校，毕业后留校任教。

每当林巧稚回忆起她中小学时期的生活，总要称赞老师讲授知识时注重联系实际，启发学生的独立思考。比如上地理课时，老师就把他们带到海边，在海滩上做起地形沙盘。大家边做边玩，兴味盎然，不知不觉中学到了知识，而且深深地印在脑子里，经久不忘。林巧稚从小对生物课就有很大的兴趣。有一次，老师上生物课时，问道：“树叶是什么颜色的？”“是绿色的。”林巧稚和同学异口同声地回答。老师又问道：“树叶是什么形状的？”不少同学答道：“椭圆的。”

生物老师胸有成竹，并不急于对学生的回答作结论，而是把他们带到山上去，采集各种树叶标本。采集回来，大家把树叶放在课桌上，老师重新让大家回答上面的两个问题。树叶原来不仅有绿色的，还有红色的、黄色的、紫色的……树叶的形状更是千奇百怪，锯齿形的、针状的、扇形的……什么样的都有。

一堂生物课结束了，林巧稚不仅学到了知识，更体会到了一种人生哲理：世界上的任何事情都不像“树叶是绿的”那么简单，因而自己的头脑也要复杂一点，你要认识它，就要到实际中去调查了解，不能人云亦云。

林巧稚在生物课上不仅学到了知识，了解到原来树叶不仅有绿色的，还有红色的、黄色的、紫色的……树叶的形状更是千奇百怪，锯齿形的、针状的、扇形的……

不为良相，当为良医

母亲去世时的情景在林乔稚幼小的心灵中留下了无法磨灭的印象，从那时候起她决心学医（妇科）救苦救难。母亲去世后由大哥大嫂抚养。大哥大嫂为了她能读书，而不得不让自己的孩子中途辍学。林巧稚就读于鼓浪屿女子师范学校时，有一次上手工编织课，老师夸奖她说：“手很灵啊，当个大夫挺合适。”这句话对林巧稚震动很大，她下决心当个外科医生。

1921 年夏，在林巧稚 20 岁那年，她离开家，乘船去了上海，去报考有教会背景的北京协和医学院。林巧稚没有出过远门，一路上新鲜和不安如影相随。而临行前父亲那句的教诲“不为良相，当为良医”更是一直萦绕在耳边，让她心中更多了份沉重。

七月的上海酷热难耐，考场上的林巧稚奋笔疾书，因为她知道这次考试只招收 25 人，她只有全力以赴才能进入这所她梦寐以求的大学。忽然，安静的考场有些躁动，只见一名女学生被抬出了考场。天气太热，这名女生中暑晕倒了，监考老师因为是男的而不方便施救女生，只能差人联系考场外她的家人。

晕倒女生的情况越来越紧急，而家属还没有赶到。这时，林巧稚站了出来，她迅速把中暑的考生安置在了阴凉处，随手解开她的领扣，喂她喝水，让她吃下仁丹……女生终于苏醒，周围的人都长舒了口气。林巧稚仅用了十分钟就迅速处理了这起突发事件，但当她回到考场时，考试却结束了，林巧稚很失落，她最有把握的英语科目竟然没有答完。

她闷闷不乐地坐上了回厦门的火车，没有了初来上海时的兴奋和喜悦，有的只是与梦想失之交臂的惆怅。然而就在林巧稚回家一个月后，她却意外地收到了协和医学院的录取通知书，或许是她没有答完的试卷已经很优秀，或许是她面对病人的果断和忘我，让她赢得了另外一场“考试”——年纪轻轻，就有“爱‘病人’胜过爱自己” 的

老师夸奖她说："手很灵啊，当个大夫挺合适。"这句话对林巧稚震动很大，她下决心当个外科医生。

职业精神。主考官被她舍己为人的精神以及卷面的才华所感动，录取她入学。1929年，林巧稚以优异的成绩毕业，获博士学位，被留在北京协和医院当妇产科医生。她是第一位毕业留院的中国女医生。在协和医院里，林巧稚勤奋工作，无论白天黑夜、严寒酷暑，她都为治病救人而忙碌。不管是什么身份的患者，只要有人向她求诊，她都有求必应。1932年，林巧稚获得了到英国伦敦医学院和曼彻斯特医学院进修深造的机会。1933年，又到奥地利首都维也纳进行医学考察。回国以后，林巧稚把自己的一切都奉献给妇产科事业。她解除妇女的痛苦，分享母子的欢乐，忙得连自己的婚姻与家庭都未顾及。1939年，她再次远渡重洋，到美国芝加哥医学院当研究生。1940年回国，不久升任妇产科主任，成为该院第一位中国籍女主任。

“东方圣母”式的女性

1941年底，太平洋战争爆发，北京协和医院关门。林巧稚就在北京弄堂小胡同10号租了几间房子，开办起私人诊所。她有一个特殊的出诊包，包里总带着现钱，对贫病交困的病人，不收分文药费，还予以资助。许多患者都感动得流下热泪。同时，她还应聘到中和医院为患者看病，到北京大学任教，整日忙个不停。抗日战争胜利后，协和医院恢复，林巧稚重回医院任职。北京解放前夕，林巧稚拒绝接受离开祖国的威胁。她认定：“我是中国人，我要和我的事业共存。”中华人民共和国成立后，林巧稚对中国共产党领导的新中国感到欢欣鼓舞。她在短文《打开协和窗户着祖国》中写道：“协和的窗户打开了，竖起了五星红旗……我们为祖国伟大的进步感到光荣骄傲。”

林巧稚在新中国充分施展自己的理想和抱负。她经常带领医务人员深入农村、城镇考察妇女和儿童的疾病。为了降低我国婴儿死亡率，防治妇女宫颈癌，她撰写了妇幼卫生科普通俗读物《家庭卫生顾问》等书，受到人们的普遍欢迎。为了治疗新生儿溶血症，林巧稚邀集有关专家座谈，终于创造出用脐静脉换血的医疗方法，填补了国内的空白。她忘我地工作，实践着自己的誓言：“我是一辈子的值班医生。”她几十年如一日，坚守在工作岗位上，病房就是她的家。她用一双灵巧的手，迎接5万多个小生命来到人间。许多父母感念她从死亡线上抢救出自己的婴儿，就给自己的孩子取名为：念林、爱林、敬林、仰林，等等。

林巧稚高明的医术和崇高的医德得到政府和人民的尊重。1959年，她被推选为中国科学院学部委员，在当时是唯一的女学部委员。她历任中国医学科学院副院长、北京协和医院妇产科主任、北京妇产医院院长、中国医学会妇产科学术委员会主任。她是第一届至第五届全国人大代表，第三届起当选为全国人大常务委员，还担任全国妇联副主席。

为了发展祖国的医疗事业，林巧稚倾注全力为首都医院和全国各地培养了大批妇产科专门人才。她和学生们对染色体的遗传学作了初步探讨，开拓该学科的研究，为后来她的学生攻下绒癌难关打下坚实的基础。

林巧稚是中国现代妇产科学的主要奠基人之一。1965年，她主持中华医学会第一届妇产科学术会议。1974年，赴日内瓦出席世界卫生组织召开的医学顾问委员会会议。1978年12月，她和楚图南率领中国人民友好代表团赴西欧四国访问，在英国时患脑血栓，回国后便长卧病榻，一病不起。

林巧稚不顾病魔缠身，仍抱病和学生们通力合作，经过4年努力，于1980年8月完成1部50万字的巨著《妇科肿瘤》。她虽身患重病不能行动，仍在病床上日夜筹划着成立妇产科研究所，时时刻刻惦记着她的临床医疗工作。她在临终前还一再嘱咐把她的遗体献给国家作医学研究。1983年4月22日，林巧稚病逝，终年82岁。她逝世后，人们为了永远纪念她，在她的家乡厦门鼓浪屿为她建立了纪念馆。

美国医师约翰·斯·鲍尔士在他的著作《西方医学在中国宫殿——北京协和医学院》中写道：“林巧稚在国民党时期的中国开始了优异

的医学事业，而在中华人民共和国时期达到了顶峰。现在中国，她被看做是一个医生女英雄……”

林巧稚的贡献

林巧稚一生亲自接生了5万多婴儿，在胎儿宫内呼吸，女性盆腔疾病、妇科肿瘤、新生儿溶血症等方面的研究作出了贡献，是中国现代妇产科学的奠基人之一。而她信奉“爱人”的思想，对所有的病人，无论贫富，皆一视同仁。许多老百姓因感念其高尚的医德，而给被救活的孩子起名“念林”“爱林”“敬林”“仰林”等，以示对林巧稚的永久纪念。

为化工事业鞠躬尽瘁的人

——记有远大抱负的侯德榜院士

侯德榜(1890—1974)

侯德榜简介

侯德榜(1890—1974),字致本,名启荣,出生于福建省闽侯县坡尾村的农民家庭。1907年以优异成绩毕业于福州英华书院。1913年以特别优秀的成绩完成预科学业,公费派往美国留学。1921年获博士学位,同年接受永利碱业公司的聘请,回国发展我国的化学工业。曾任塘沽永利碱厂和南京永利硫酸铵厂总工程师兼厂长、永利化学公司总经理。

侯德榜是我国著名的科学家。他的祖父、父亲都是农民,小时候,由于家里生活艰苦,6岁的时候侯德榜就常常下地干活。虽然白天的劳动很辛苦,但侯德榜抓住一切可以利用的时间,努力学习。

侯德榜读书忘神

一天,父亲下地干活,侯德榜在不远的地方放牛。傍晚收工后,父亲没有看到他的人影,十分焦急。最后在闽江岸边一丛荔枝林里,传来一阵熟悉的读书声。父亲循声走过去，发现儿子坐在一棵树下，而牛在不远的草地上已经吃饱休息了。侯德榜正在聚精会神地读书，忘了时间，也忘了周围的一切，更没觉察到身后的父亲。

还有一次，祖父找侯德榜有事，走到村外，远远地看见侯德榜正伏在水车上车水。“德榜——德榜——”祖父高声喊着，德榜却没有反应。这下祖父有些生气了，他想：“这孩子，怎么会这么不懂事呢，以前不是这样的嘛!”他很想过去申斥孙子几句，却忽然听到孙子在忘情地读着古诗。老人听了很是吃惊，也很高兴，他这才知道，原来德榜一边车水，一边在学习呢。于是，祖父没有再打搅他读书，并且悄悄地离开了那里。

可是乡间的书太少了，小德榜如饥似渴地找书读。一年夏天，他到姑妈的家里去玩儿，姑妈叫他到小阁楼里去找一件东西。他上去了好久都没有下来，原来，他在那里发现了几箱书，小德榜非常兴奋。从此以后，他经常找借口到姑妈家去，到阁楼上看书，一待就是半天。后来，姑妈也发现了侯德榜每次来的意图，于是每次看到他去，都会笑着说：“哎哟，书耗子又来了，快去阁楼上啃书吧。”就这样，在姑妈的家里，侯德榜看了很多的书，懂得了许多的知识。他对读书的兴致更大了。

在祖父的鼓励和姑妈的资助下，侯德榜考进了当时美国人在福州开办的一所教会中学英华书院学习，当时他才 13 岁。这所书院教学设备、图书都是福州学校里最好的。侯德榜努力学习，成绩一直都是名列前茅。

就这样，侯德榜通过继续刻苦攻读，又考入了当时北京的清华留美预备学堂，并且很快，他就因为十门功课一千分的优异成绩，成为学校里最出名的人。两年后，他又远渡重洋，到美国著名的麻省理工学院化学系攻读。经过若干年的努力，他终于用所学的知识报效亲爱的祖国，为振兴祖国、富强祖国作出了很大的贡献。

侯德榜在不远的地方放牛……正在树下聚精会神地读书，忘了时间，也忘了周围的一切，更没觉察到身后的父亲。

苏尔维制碱法的奥秘

在化学工业中，纯碱是一种重要的化工原料，它的化学名称又叫“碳酸钠”，是一种白色的粉末。别小看它，它的用途可大呢！制造肥皂、玻璃、纸张时要用它；纺纱织布时要用它；炼铁、炼钢过程中也少不了它。用它还可以制造出好多好多的化工产品哩！它诞生在化工厂里，是用联合制碱法生产出来的。这个方法由中国化学工业的先驱侯德榜首创，所以也叫“侯氏制碱法”。那么侯德榜是在怎样情况下研究制碱法，又是怎样创立侯氏制碱法的呢？

事情得从17世纪说起，当时人们在生产玻璃、纸张、肥皂等时已经知道要用纯碱，但那时的碱是从草木灰和盐湖水中提取的，人们还不知道可以从工厂中生产出来。后来法国一位医师路布兰用了4年时间，在1791年首创了一种纯碱制造法，从此纯碱能源源不断地从工厂中生产出来，满足了当时工业生产的需要。可惜这一方法并不完善，还存在着许多缺点，如生产过程中温度很高、工人劳动强度很大、煤用得很多、产品质量也不高等，因此很多人都想改进它。

1862年，比利时有一位化学家叫苏尔维，他提出了一种以食盐、石灰石、氨为主要原料的制碱方法，这方法叫“氨碱法”或“苏尔维制碱法”。由于这个方法产量高、质量优、成本低、能连续生产，所以很快就替代了路布兰的方法。但这个方法都被制造商严格控制住，一点也不让它泄露出来，不让他人知道。

20世纪初，当时的中国工业生产也需要纯碱，但自己不会生产，只能依靠进口。第一次世界大战时，纯碱产量大大减少，加上交通受阻，英国一家制造纯碱的公司乘机抬高碱价，甚至不供货给中国，致使中国以碱为原料的工厂只得倒闭、关门。当时有一位在美国留学的中国学生侯德榜，他学习很刻苦，成绩优异，在美国学习化学工程已有8年，1921年取得了博士学位，他听说外国资本家如此卡中国人的脖子时，连肺都要气炸了，他发誓学成回国，以自己已学到的知识报效祖国，振兴中国的民族工业。

1921年10月侯德榜回国了，他任永利碱业公司总工程师，任务是要创建中国第一家制碱工厂。当时要生产出碱，只能按苏尔维制碱法生产。原理说说很简单，可真正要制造出来可就难了。由于技术封锁，侯德榜只能靠自己不断研究、试验、摸索。经过好长时间的努力，终于设计好了流程，安装好了设备，接着就开始试生产。谁知一开始就碰到困难。一天，刚试车不久，高高的蒸氨塔突然晃功得很厉害，并且发出巨响。大家害怕极了，侯德榜见了马上喊停车。一检查，原来所有的管道都被白色的沉淀物堵住了。怎么办？开始他拿大铁钎捅，累得满头大汗，但也无济于事。后来，他想出加干碱的办法，才使沉淀物慢慢掉了下来，终于转危为安。类似这样的故障还有很多很多，每次都被他一一排除掉了。

经过几年的努力，1924年8月13日，中国第一家制碱厂正式投产了。那天工人们早早地来到车间，都想亲眼目睹中国第一批纯碱的诞生。几小时后，不知谁喊了一声："出来了！"大家眼睛一齐朝出碱口望去。咦？怎么出来的是红白相间的碱？按理应该是雪白的呀！大家的心头一凉。这时侯德榜仔细地检查了设备，原来纯碱出来时遇到了铁锈，才使产品变红了。原因查出来了，大家都松了一口气，以后改进了设备，终于制得了纯白色的产品。望著白花花的纯碱，侯德榜笑了，他笑得那么舒心，几年的辛苦没有白费，他终于摸索出苏尔维制碱法的奥秘，实现了自己报效祖国的誓言。

侯氏联合制碱法

1937年。日本侵华的战火伸向上海、南京。位于南京的硫酸铵厂作为亚洲第一流的化工厂，令日本侵略者垂涎三尺，日本侵略者看到永利公司的军事价值，年产1万吨硝酸，可以制造几万吨烈性炸药。他们派人企图收买范旭东和侯德榜。范、侯明确地表示："宁肯给工厂开追悼会，也决不与侵略者合作。”侵略者加大压力，甚至派飞机对碱厂进行狂轰滥炸。在战火逼近的情况下，侯德榜当机立断，布置技术骨干和老工人转移，组织重要机件设备拆运西迁。

1938年，侯德榜率西迁的全部员工在四川岷江岸边的五通桥建设永利川西化工厂。新厂采取什么工艺是首先要考虑的。制碱的主要原料食盐，在川西只能来源于深井中的盐卤浓缩。盐卤浓度低，所以食盐的成本很高。加上索尔维法的食盐转化率不高（只有70%），这就进一步提高了制碱的成本。因此，继续采用索尔维制碱法，生产就难以维持。

侯德榜经过调查，决定改进苏尔维法开创制碱新路，他总结了苏尔维法的优缺点，认为这方法的主要缺点在于，两种原料组分只利用了一半，即食盐（NaCl）中的钠和石灰（$CaCO_3$)中的碳酸根结合成纯碱（$NaCO_3$）另一半组分食盐中的氯和石灰中的钙结合成了$CaCl_2$，却没有用途。

针对以上生产中不可克服的种种缺陷，侯德榜创造性地设计了联合制碱新工艺。这个新工艺是把氨厂和碱厂建在一起，联合生产。由氨厂提供碱厂需要的氨和二氧化碳。母液里的氯化铵用加入食盐的办法使它结晶出来，作为化工产品或化肥。食盐溶液又可以循环使用。

为了实现这一设计，在1941—1943年抗日战争的艰苦环境中，在侯德榜的严格指导下，经过了500多次循环试验，分析了2000多个样品后，才把具体工艺流程定下来，这个新工艺使食盐利用率从70%一下子提高到96%，也使原来无用的氯化钙转化成化肥氯化铵，解决了氯化钙占地毁田、污染环境的难题。这方法把世界制碱技术水平推向了一个新高度，赢得了国际化工界的极高评价。1943年，中国化学工程师学会一致同意将这一新的联合制碱法命名为“侯氏联合制碱法”。

新中国即将成立的1949年初，侯德榜还在印度指导工作，当他得到友人转来的周恩来给他的信后，他立即克服了种种阻挠，于1949年7月回到了气象更新的祖国，作为科学家的代表参加了全国政治协商会议。从此他开始投入恢复、发展新中国化学工业的崭新工作。为了祖国的化工事业，他走遍大江南北、长城内外。1960年前后，为适应我国农业生产的需要，侯德榜不顾自己已是70高龄，和技术人员一道共同设计了碳化法制造碳酸氢铵的新工艺，为我国的化肥工业发展作出了巨大贡献。

侯德榜先生对科学的态度一贯是严肃认真的。在研究联合制碱的过程中，他要求每个试验都得做30多遍才行。开始时有些人不理解，以为这是浪费时间和耗费精力，多此一举。后来的事实证明，多数试验中，只能在进行了20多次以后，数据才稳定下来，这样得到的数据资料才是可靠的，人们这才真正认识到侯德榜这种细致周密、一丝不苟的科学态度是多么难能可贵。

侯德榜一生谦虚谨慎，平易近人。在创造永利碱厂时是这样，在以后的长期工作中也是这样。他和技术人员、工人及晚辈们在一起，从来不把自己放在权威或高人一等的位置，讨论问题，他总是认真地听取别人的意见，善于从大家的智慧中吸取积极的因素来充实、完善自己的设想。大家都觉得跟他一起工作，心情特别舒畅，能从他身上学到不少东西。

侯德榜先生像一名辛勤的园丁，为我国化学工业的发展培养了一批又一批的技术骨干。这些骨干现在大都仍活跃在中国化工领域的各个部门，相当多的骨干已成为厂长、总工程师。他们以侯先生作为自己的榜样，为发展我国的化工事业鞠躬尽瘁。

侯德榜的贡献

1921 年，他在哥伦比亚大学获博士学位后，怀着工业救国的远大抱负，毅然放弃自己热爱的制革专业，回到祖国。侯德榜一生在化工技术上有三大贡献。第一，揭开了苏尔维法的秘密。第二，创立了中国人自己的制碱工艺——侯氏制碱法。第三，他为发展小化肥工业所作的贡献。侯德榜为了实现中国人自己制碱的梦想，揭开索尔维法生产的秘密，打破洋人的封锁，侯德榜把全部身心都投入到研究和改进制碱工艺上，经过 5 年艰苦的摸索，终于在 1926 年生产出合格的纯碱。他就像一块坚硬的基石，托起了中国现代化学工业的大厦，这位先驱者就是被称为“国宝”的侯德榜。

特殊的“化学结构式”

——从小勤奋好学的卢嘉锡院士

卢嘉锡（1915—2001）

卢 嘉 熙 简 介

卢嘉锡（1915—2001）又名瑞师，物理化学家、化学教育家和科技组织领导者。1950年后历任厦门大学理学院院长、研究部部长，福州大学副校长，中国科学院福建物质结构研究所研究员、所长，还曾任中国科学院院长等职。他曾是第三、第五届全国人大代表；第六届全国政协常委；中国农工民主党第九届中央副主席；中国科学技术协会常委；中国化学会副理事长、理事长。

卢嘉熙一生留给我们的印象多姿多彩：是慈祥的父亲，是出色的“教书匠”（他喜欢这么称呼自己），是一位吃住从不讲究、做事却极为认真的人，不善于料理家务、却很关爱妻子、儿女的好丈夫、好父亲。他认为，一个学生在学好课程的同时要有广泛的兴趣爱好，对拓宽知识面、对个人的全面发展有益。

求学“三级跳”

卢嘉锡1915年10月26日出生在福建省厦门市。他3岁才学会说话，平时，多半是一个人静静地翻看图画。每天早上都搬个小凳子，静静地坐在一边听父亲给别人讲课，而且听得非常专心。他学会的第一句话就是：“爹，我要读书！”家里看到卢嘉锡会说话了，全家都很高兴。当时正值过年，小孩子都喜欢玩爆竹。有一种花炮点着了就听到“嘭”的一声，整个炮仗蹦到半空中，接着又“嘭”的一声在空中炸开。卢嘉锡高兴地问父亲这叫什么花炮，父亲不假思索地说：“天地炮。”卢嘉锡马上说：“不对，应该叫地天炮，它先是在地上响，然后在天上响，就该叫地天炮嘛！”父亲对他小小年纪就能敏锐地观察事物的独立见解感到高兴。

嘉锡从小就聪颖好学，勤奋刻苦。由于家里贫穷，卢嘉锡小时候只能念私塾，后来又跟大哥学过一点算术和英语。1926 年，卢嘉锡进入商密小学读书时，已经 10 岁出头，大大超过了一般正规小学的入学年龄。但因他入学前在父亲所办的私塾打下了相当深厚的旧学基础，而且又跟着他哥哥学过一点算术和英文，因此,他一进学校就插入六年级就读。那一年,全市举行国文会考，入学不到一年的卢嘉锡便取得全市第三名的好成绩，让全校老师和同学不得不刮目相看。就这样，在商密小学读了一年，卢嘉锡便毕业了。1927 年，卢嘉锡进入厦门市育才学社读初中。在这里,他仍然采取跳跃式的办法，时而上一年级的课，时而进二年级的门，同时念初一和初二的课程。半年后，育才学社关闭，他转入大同中学，直接插入初三就读。这是卢嘉锡的第二次跳级。由于初中只读了半年，存在不少知识遗漏，英文的遗漏更多，有几次英文考试不及格。这可大大刺伤了嘉锡的自尊心。他不甘示弱，一边上初三的课，一边抓紧时间学习前面的英文课程。他的英文成绩很快就赶上来了。

卢嘉锡在学习中的理解力和记忆力特别突出，老师和同学们对他的学习能力都很惊奇。在后来的学习中，他的数学和英语一直是“强项”。上初中时，被称为“行踪不定”的跳班生。同学们分不清卢嘉锡是他们的“学兄”“学弟”还是“同窗”。因为他念着二年级的语文，

卢嘉锡以同等学历身份考入厦门大学预科班，当时还不满 13 岁。这是他的第三次跳级。从此，他跨入求学奋进的新征程。

同时还去听一、二年级的数学和一年级的英语。物理、化学也是跨班级进行学习。他的平面几何只正规念了“圆”的头几个定理，三角也只学了头几个恒等式，剩余的内容都是他自学完成的。他一年半就完成了初中的学习任务，并且门门功课优秀。从小学到中学，卢嘉锡只用了两年半的时间就毕业了。1928 年，卢嘉锡以同等学力身份考入厦门大学预科班，当时还不满 13 岁。这是他的第三次跳级。从此，他跨入求学奋进的新征程。

他后来在回顾这段学习生活时说：跳级不一定好，有些常识性知识，我因没有学到，时常感到知识贫乏。他主张在一般情况下还是应该循序渐进，把基础打牢。

奇怪的化学结构式

卢嘉锡对科学有着广泛的兴趣，尤其酷爱化学，因而他选择主系学数学，辅系学化学。当时主持厦门大学化学系的是留美归来的张资珙教授。张教授极有才华，授课别具一格。有一次，张教授在黑板上写下一个奇怪的化学结构式 C，D，并问学生：“谁能说出这是什么?”

提起化学结构式一般中学生都不陌生，用元素符号和短线表示化合物(或单质)分子中原子的排列和结合方式的式子。当同学们正在感到迷惑之际，只见老师迅速在黑板上写下三组英文单词:Clear Dead(清醒的头脑)Clever Dands(灵巧的双手)Clean Dabit(洁净的习惯)。

卢嘉锡回答说：“C，D，不是碳氢化合物，而是表示做一名化学家所应具备的品格!”

这一富有启发性的格言给卢嘉锡留下了深刻的印象。他在自己的笔记本工工整整地记下了这一特殊的“化学结构式”，并把张教授的话牢牢地记在心里。渐渐地，他发现自己的兴趣慢慢在向化学转移。张教授也看出了他的这种倾向，便对他说：“把你的主系改为化学，怎么样?”卢嘉锡经过认真思考，从第二学期起便把主系改为化学，从此迈

有一次，张教授在黑板上写下一个奇怪的化学结构式C，D，并问学生："谁能说出这是什么？"……卢嘉锡回答说:C，D，不是碳氢化合物，而是表示做一名化学家所应具备的品格！

入了献身化学研究的道路。卢嘉锡从欧美留学归来后，也和老师一样主持过厦门大学化学系。在讲台上，他总是不忘把张教授的那“C，D”，的思想传授给学生，他常说:不论是搞化学的，还是从事其他学科研究的科学工作者，具备清醒的头脑、灵巧的双手、洁净的习惯，都是至关重要的。

“毛估比不估好”

“毛估”是福建民间口头语，意思是大概估计或估算一下。科学家不是算命先生，不可能“预言”自己的研究成果，但茫无目标地“寻寻觅觅”也是科学工作者的大忌。在进行科学研究时，卢嘉锡一向重视对最终结果的预测，以便从总体上握住研究方向。他把这种预测叫做“毛估”，而且时常以此告诫学生和科技工作者。1939 年，卢嘉锡赴美国加州理工学院任客座研究员，跟随著名化学家鲍林一起工作。卢嘉锡这样强调“毛估”是与鲍林教授一起从事结构化学研究有关。他大学三年级时出过一次差错，有一次鲍林教授出了一道难题，全班就卢嘉锡一个人基本做出来了，只是把答案的小数点点错了地方，老师只给了他 1/4 的分数，他感到很委屈。老师给出该物质的分子结构正确模型后，耐心地开导他说:“假如设计一座桥梁，小数点点错一位可就要出大问题了，所谓失之毫厘，差之千里呀!”他静下心来检查出错的原因时，发现问题不只是出在一时的疏忽上，其结果在数量级上有明显的不合理性。如果解题时能认真对照分析一下，错误是完全可以及时发现的。例如，以前在填写履历表时，他总是习惯先写教授、研究员，然后才写官职，目标没个“谱”。从那以后，不论是考试还是做习题，他总要千方百计根据题意提出简单而又合理的物理模型，也就是“毛估”一下答案，算出的结果超出这个范围，就赶快检查一下计算的过程是否出错。这样，他有效地克服了因偶然疏忽造成的错误。

……全班只有卢嘉锡一个人基本上做出来了，可是老师在这道题上只给了他 1/4 分。……老师对他说："你写错了小数点的位置，假如设计一座桥梁，小数点错了一位可要出大问题，犯大错误了。"

中国结构化学创始人

卢嘉锡在事业上有三位恩师。卢嘉锡说：“在事业上，自己努力的部分我不否认，可是假如没有老师的启蒙是不行的。对国内外的老师我都十分想念”。父亲卢东启是他的第一位启蒙老师。开办的私塾名叫“留种园”（相当于幼年古典学校），父亲执教甚严，这对他的文学素养以及人生观的形成颇有影响。

卢嘉锡的大学一年级化学老师是张资珙教授是他的第二位恩师。当时任厦门大学理学院院长兼化学系主任。1930 年暑假前，卢嘉锡从厦门大学预科理组毕业，根据业务上的兴趣，他选定升入本科后，张教授慧眼识英才，嘱改主系化学，从而决定了他后来成长为一名化学家—的光辉道路。

卢嘉锡的第三位恩师是英国伦敦大学学院的 S.萨格登（S.Sugden）教授，他是一位物理化学家。1937 年 8 月考取第五届中英庚款公费留学，入伦敦大学化学院攻读研究生。在著名化学家 S.萨格登（Sugden）指导下进行人造放射性方面的研究，由他指导的博士论文“放射性卤素的化学浓集法”，使卢嘉锡成为世界上在人造放射性领域内最早实际进行定量研究工作和首次成功地分离出放射性高浓缩物的化学家。他因此成为中国最早的核化学家之一。仅用 2 年时间，他便获得伦敦大学物理化学专业哲学博士学位。他的博士论文被指导老师誉为比英国籍博士写得“还流利”。1939 年，国际上在核物理方面的竞争已达白热化，相对说来核化学的研究有些跟不上，而浓集核反应产物是研究核反应的关键步骤。卢嘉锡的博士论文属于前沿工作，很可能是与“核机密”有关的一个子课题，萨格登不便于点破而已。

卢嘉锡于 1939 年秋，经 S.萨格登推荐，卢嘉锡进入美国加州理工学院，在杰出化学家、诺贝尔奖获得者 L.鲍林（Pauling）教授的指导下从事结构化学研究，成为鲍林的得意门生之一。从此，结构化学便成为他的研究方向。1940 年夏留学期满，他被鲍林挽留在美国工作了

5年多。在此期间，他的科研成绩斐然。他在X射线晶体学方面的论文成为同类课题研究的主要参考文献；在燃烧与爆炸方面的研究荣获美国国防委员会颁发的科学研究与发展成就奖。

此外，卢嘉锡还受教于英国物理化学家根海姆（E.A.Guggenheim），听过他的热力学和统计热力学，跟他搞过科研，获益匪浅。

卢嘉锡于1939年7月博士学位答辩之时正是二战风云迫近之日。经S.萨格登的推荐才使他得以赴美国帕萨迪纳（Pasadena）加州理工学院，在鲍林（L.Pauling）门下从事博士后研究，安全地度过了“二战”岁月。

卢嘉锡受惠于鲍林至深，他向鲍林学习了现代结构化学、单晶X射线衍射技术，气相电子衍射技术以及治学方法，正是鲍林把他培养成为一名结构化学家。

他也跟鲍林及其家人建立了深厚友谊，他曾不只一次地与鲍林家人分享鲍林生日蛋糕。他在这时期发表了多篇关于电子衍射和X射线结构测定的富于创造性的论文。鲍林称卢嘉锡是他的好学生。

抗日战争胜利后，满怀一腔报国热忱的卢嘉锡舍弃了在美的优越科研条件，于1945年冬回国到母校厦门大学担任化学系教授和系主任，并于1946年和1948年应浙江大学校长竺可桢和理学院院长胡刚复的邀请，到该校讲授物理化学课程。他学识渊博、讲课生动、见解精辟，循循善诱，谈吐自如，很有大学者风度，深受学生欢迎。新中国成立前，他不顾个人安危，为保护厦门大学完整地回到人民手中和保护进步学生做了不少工作。20世纪70年代以后，他主要致力于原子族结构化学，尤其是过渡金属原子簇方面的研究。他在结构化学的前沿领域作出了开拓性的学术贡献。他在化学教育上的贡献直接影响了整整一代人，堪称桃李满天下的一代宗师。

卢嘉熙的贡献

卢嘉熙在结构化学研究工作中有杰出贡献，曾提出固氮酶活性中心的结构模型，从事结构与性能的关系研究等，对中国原子簇化学的发展起了重要推动作用，他所指导的新技术晶体材料科学研究，也取得了重大成绩。他早年设计的等倾角魏森保单晶 X 射线衍射照相的 Lp 因子倒数图，载入国际 X 射线晶体学手册，称为“卢氏图”。曾被评为 1979 年全国劳动模范。1993 年 3 月当选为第八届全国人大常委会副委员长。

肯动脑筋的“罗呆子”

——华罗庚院士是自学成才的光辉榜样

华罗庚（1910—1985）

华罗庚简介

华罗庚（1910—1985），江苏省常州市金坛市人，国际数学大师，中国科学院院士。1925年，初中毕业后就因家境贫困无法继续升学。1928年，18岁的华罗庚在他的数学老师王维克的推荐下，到金坛中学担任庶务员。1936年，经熊庆来教授推荐，华罗庚前往英国，留学剑桥。1946年，华罗庚应邀去美国讲学，并被伊利诺大学高薪聘为终身教授。1950年，他毅然放弃在美国的优裕生活，回到了祖国。华罗庚从海外归来，受到党和人民的热烈欢迎，他回到清华园，被委任为数学系主任，不久又被任命为中国科学院数学研究所所长。从此，开始了他数学研究真正的黄金时期。

其实华罗庚读初中时，一度功课并不好，有时数学还考不及格。那时，华罗庚老师王维克说他主要是贪玩，但他思维敏捷，数学习题往往改了又改，解题方法十分独特别致。一位老师曾笑道：“你看看他那个像蟹爬的字吧，他能算个‘人才’吗？”然而王老师却激动地说：“当然，他成为大书法家的希望很小，可他在数学上的才能你怎么能从他的字上看出来呢？要知道金子被埋在沙里的时候，粗看起来和沙子并没有什么两样，我们当教书匠的一双眼睛，最需要有沙里淘金的本领，否则就会埋没人才啊！”当然，是金子总会发光的。

罗“呆子”

1910年11月12日，江苏省金坛县一家小杂货店里，一个男婴呱呱坠地。店主华老祥40岁得子，不禁欣喜万分。他小心翼翼地将婴儿放进一只箩筐里，又将另一只箩筐盖在上面，说是“进箩筐避邪，同庚百岁”，并为儿子取名“罗庚”。江苏省金坛县当时是一个非常闭塞的县城。童年时代，他最想骑马。他将一个小木凳拴上绳子，牵着当马骑，边骑边喊“马嘟嘟，马嘟嘟。”现在这个小凳子还陈列在金坛的“华罗庚纪念馆”里呢。稍大以后，他就把家中小杂货店的柜台当马骑，跳上跳下，并且还不时学着大人骑马的样子，感觉十分得意。

华罗庚上学时，老师和同学发现他口齿不清，行动不灵，总是笨手笨脚的，又寡言少语，同学们给他起了个绰号“罗呆子”。而且背地里常常议论：“华老祥家的‘罗呆子’长大了不会有什么出息的。”其实，华罗庚是个很聪明的孩子，他非常喜欢动脑筋，只是他平时少言寡语，又笨手笨脚，因此别人总是察觉不到。

有一次，他跟邻居家的孩子一起出城去玩，他们走着跳着，忽然看见路旁有座荒坟，坟旁有许多石人、石马。这立刻引起了华罗庚的好奇心，他非常想去看个究竟，于是他就对邻居家的孩子说：

“那边可能有好玩的，我们过去看看好吗？”

邻居家的孩子回答道：“好吧，但只能待一会儿，我有点害怕。”

胆大的华罗庚笑着说：“不用怕，世间是没有鬼的。”说完，他首先向荒坟跑去。

两个孩子来到坟前，仔细端详着那些石人、石马，用手摸摸这儿，摸摸那儿，觉得非常有趣。爱动脑筋的华罗庚突然问邻居家的孩子：“这些石人、石马各有多重？”

爱动脑筋的华罗庚突然问邻居家的孩子："这些石人、石马各有多重?"

邻居家的孩子迷惑地望着他说：“我怎么能知道呢？你怎么会问出这样的傻问题，难怪人家都叫你‘罗呆子’。”

华罗庚很不甘心地说道：“能否想出一种办法来计算一下呢？”

邻居家的孩子听到这话大笑起来，说道：“等你将来当了数学家再考虑这个问题吧！不过你要是能当上数学家，恐怕就要日出西山了。”

华罗庚不顾邻家孩子的嘲笑，坚定地说：“以后我一定能想出办法来的。”

当然，计算出这些石人、石马的重量，对于后来果真成为数学家的华罗庚来讲，根本不在话下。

“菩萨”原来是假的

金坛县城东青龙山上有座庙，每年都要在那里举行庙会。少年华罗庚是个喜爱凑热闹的人，凡是有热闹的地方都少不了他。有一年华罗庚也同大人们一起赶庙会，一个热闹场面吸引了他，只见一匹高头大马从青龙山向城里走来，马上坐着头插羽毛、身穿花袍的“菩萨”。每到之处，路上的老百姓纳头便拜，非常虔诚。拜后，他们向“菩萨”身前的小罐里投入钱，就可以向神问卦、求医求子了。

华罗庚感到好笑，他自己却不跪不拜“菩萨”。站在旁边的大人见后很生气，训斥道：

“孩子，你为什么不拜，这菩萨可灵了。”

“菩萨真有那么灵吗？”华罗庚问道。

一个人说道：“那当然，看你小小年纪千万不要冒犯了神灵，否则，你就会倒霉的。”

“菩萨真的万能吗？”这个问题在华罗庚心中盘旋着。他不相信一尊泥菩萨真能救苦救难。

庙会散了，看热闹的老百姓都回家了。而华罗庚却远远地跟踪着“菩萨”。看到“菩萨”进了青龙山庙里，小华罗庚急忙跑过去，趴在门缝向里面看。只见“菩萨”能动了，他从马上下来，脱去身上的花衣服，又顺手抹去脸上的装束。门外的华罗庚惊呆了，原来百姓们顶礼膜拜的“菩萨”竟是一村民装扮的。

回到家，他便兴高采烈地对妈妈说：“妈，你往后不要给‘菩萨’磕头了，‘菩萨’是骗人的。”父亲马上训斥道：“哎呀，罪过，小孩子懂什么？”他却认真反驳道：“我到青龙山的庙里去了，‘菩萨’原来是假的，是人装扮的。”华罗庚终于解开了心中的疑团，他将“菩萨”骗人的事告诉了村子里的每个人，人们终于恍然大悟了。从此，人们都对这个孩子刮目相看，再也无人喊他“罗呆子”了。正是华罗庚这种打破砂锅问到底的精神，使他后来成为一名卓越的数学家。

敢批评大师

华罗庚的数学作业，经常有涂改的痕迹，很不整洁，老师开始时非常不满意。后来经过仔细辨别，老师发现华罗庚是在不断改进和简化自己的解题方法。华罗庚在中学读书时，曾对传统的珠算方法进行了认真思考。他经过分析认为：珠算的加减法难以再简化，但乘法还可以简化。乘法传统打法是“留头法”或“留尾法”，即先将乘法打上算盘，再用被乘数去乘；每用乘数的一位数乘被乘数，则在乘数中将该位数去掉；将乘数用完了，即得最后答案。华罗庚觉得：何不干脆将每次乘出的答数逐次加到算盘上去呢？这样就省掉了乘数打上算盘的时间。例如：28×6，先在算盘上打上 $2\times6=12$，再退一位，加上 $8\times6=48$，立即得 168，只用两步就能得出结果。对于除法，也可以同样化为逐步相减来做节省的时间就更多的。凭着这一点改进，再加上他擅长心算，华罗庚在当时上海的珠算比赛中获得了冠军。

华罗庚上完初中一年级后，因家境贫困而失学了，只好替父母站柜台，但他仍然坚持自学数学。经过自己不懈的努力，他的《苏家驹之代数的五次方程式解法不能成立的理由》论文，被清华大学数学系主任熊庆来教授发现，邀请他来清华大学；华罗庚被聘为大学教师，这在清华大学的历史上是破天荒的事情。华罗庚不仅对数学肯动脑筋，

庙会散了……他便兴高采烈地对妈妈说：“妈，你往后不要给‘菩萨’磕头了，‘菩萨’是骗人的。”

对语文也很用心。有一次，老师把自己收藏的文学大师胡适的书分给学生，让每人看完后写一篇读后感。华罗庚分得的是《尝试集》，书中流露出作者提倡白话文的得意，认为自己是一次成功的尝试，于是在扉页上写了一首《序诗》：

尝试成功自古无，放翁这话未必是。

我今为下一转语，自古成功在尝试。

华罗庚在读后感中，并未表达出老师所期望的对胡适的赞美之词，而是尖锐地指出：胡适的这首诗概念混乱，第一句中的“尝试”与第四句中的“尝试”是两个完全不同的概念。第一句中的“尝试”是指初次尝试，当然一试就成功是比较罕见的；第四句中的“尝试”则是指经过多次尝试或失败之后的一次成功尝试，所以它们具有不同的含意。单独来看两个“尝试”都是有道理的，但胡适将二者放在一起，则是拿自己的概念随意否定别人（陆放翁）的概念，真是岂有此理！他说：“胡适序诗逻辑混乱，不堪卒读。”虽然语文老师当时十分不悦，但20年后还是对已成名的华罗庚说：“我早就看了你的文章不落窠臼。”华罗庚正是由于勤思考，爱创新，不迷信权威，才最终靠刻苦自学成为一名大数学家的。

肯动脑筋

华罗庚15岁那年，毕业于金坛县初中，后到上海中华职业学校读书。由于家庭贫寒，交不起饭费，只念了1年，就离开学校，失学了。华罗庚从小聪明好学，念初中时，在数学课上就表现出了特殊的才华。一天，王维克老师给全班出了一道数学题，这是一道出自《孙子算经》的题目：“今朝有物不知其数，三三数之剩二，五五数之剩三，七七数之剩二，问物几何？”王老师在读这道题时，读得很慢，声音抑扬顿挫。读完题目后，王老师把目光扫向全班同学，一张张紧张思索的面孔，一道道疑惑不解的目光尽在王老师的视野之内。突然，一个学生站起来，说：“这物品是23个。”这是个熟悉的声音，这声

华罗庚在读后感中，并未表达出老师所期望的对胡适的赞美之词，而是尖锐地指出：“胡适的这首诗概念混乱，不堪卒读。”

音把同学们从思索和疑惑中唤醒过来。大家用惊异的目光看着他。这个最先说出答案的同学就是少年华罗庚。华罗庚在解这道题时是这样想的：从“七七数之剩二”开始，就是说，七数余二，那么七的倍数再加二定是这个数，不妨设这个数是 $7\times3+2=23$。再对 23 进行检验：23 被 3 除，余 2；23 被 5 除余 3，因此，23 符合题目条件。正是由于华罗庚从小勤奋好学，王维克老师加倍看重他的聪明与才华。华罗庚在学校时给王老师留下了很深的印象。就在华罗庚 18 岁那年，王维克老师当上了金坛县中学的校长。王校长爱惜人才，把华罗庚请到学校当会计兼做事务工作。从此，华罗庚更忙起来了。他回忆这段时间的经历时说：“除了学校繁重的事务外，早晚还要帮助母亲料理小店的事务。每天晚上大约 8 点钟才能回家。清理小店的账目之后，才能钻研数学，常常到深夜。”这就是说，即使在繁忙的事务之后，华罗庚也不忘学习数学，因此，他的数学水平才不断提高。

不迷信权威

华罗庚 19 岁那年，一个偶然的机会，他借了一本杂志，名叫《学艺》，在这本杂志的第 7 卷 10 号上刊登了一篇由苏家驹教授撰写的文章《代数的五次方程式之解法》，引起了华罗庚的浓厚兴趣。通过阅读与思考，华罗庚发现文章中存在着根本性的错误。于是他问王校长，“能不能写文章批评苏教授文章中的错误？”华罗庚的提问得到了王校长的肯定回答：“当然可以，就是圣人，也有错误，有什么不能批评的！”王校长曾是意大利诗人但丁名著《神曲》的译者。他的一席话给华罗庚以很大的鼓励。于是华罗庚写了一篇逻辑严谨、说理充分的文章，经王校长过目与修改后，寄给了上海的《科学》杂志。文章于 1930 年发表了。文章一发表，就引起了当时不少人的重视。当时清华大学数学系主任熊庆来教授看到了这篇文章。而且得知这篇文章的作者是一位仅有初中毕业文凭的金坛县中学的青年人，更感到震惊。他看出了华罗庚的才华，马上写信到金坛中学，请华罗庚到清华大学工作。华罗庚接到信后，再三考虑：一方面，他想起在此之前曾因王校长让他在金坛县中学教补习班时，由于有人向上告状说王校长任用一个不合格的教员（一个初中毕业生怎么能有资格教初中），王校长不得不辞去校长职位，而且自己也不再教书；另一方面，由于自己家境贫寒，连去北京的路费都有困难，于是回信婉言谢绝了熊教授的邀请。熊教授接到华罗庚的回信后，这位求贤若渴的“伯乐”又写信去催。信中说：如果你不来，我将亲自去金坛拜访你。华罗庚又一次收到熊教授的来信，从中得知其邀请的真切与诚意，觉得自己实在不能辜负熊教授的好意，只好由父亲出面借了路费，应邀到了清华大学。在清华大学，华罗庚当上了一名助理员。主要职务是管理数学系的图书、收发公文、代领文具、绘制图表等。这样，他可以利用工作之余读书、听课。由于熊教授的安排与指导，华罗庚学业进步很快，学习也更加刻苦，常常自学到深夜。他只用一年半的时间就修完了大学课程，用4个月的时间自学了英语，并能达到读英语数学文献的水平。另外，他还自修了德文，特别是他听了研究生课程后，数学修养有了很大的提高，并不断取得了新的成果。他写的3篇论文，先后在国外数学杂志上发表，清华大学的教师对他不得不刮目相看。不久，在清华大学的教授会议上决定让他这位只有初中学历的人任清华大学的教师。可见，华罗庚的成才主要是由于他自己努力奋斗的结果。

华罗庚的贡献

华罗庚是中国解析数论、矩阵几何学、典型群、自守函数论等多方面研究的创始人和开拓者。他为中国数学的发展作出了无与伦比的贡献，被誉为“中国现代数学之父”，被列为“芝加哥科学技术博物馆中当今世界88位数学伟人之一”。美国著名数学史家贝特曼称：“华罗庚是中国的爱因斯坦，足够成为全世界所有著名科学院的院士”。国际上以华氏命名的数学科研成果有“华氏定理”、“怀依—华不等式”、“华氏不等式”、“普劳威尔—加当华定理”、“华氏算子”、“华—王方法”等。

信念的力量

——记“红色科学家”侯祥麟院士

侯祥麟（1912—2008年）

侯祥麟简介

侯祥麟（1912—2008年）揭阳县的凤江镇（今属揭西县）人。1935年毕业于北平燕京大学化学系，考取上海中央研究院化学所研究生。1938年4月在长沙加入中国共产党。1945年赴美留学，攻读化学工程学，获博士学位。1949年初，任麻省理工学院副研究员。1950年6月回到北京，任清华大学燃料研究室研究员及化工系教授。参加中国民主同盟，曾担任民盟北京市委副秘书长。1952年秋，到大连中国科学院工业化学研究所任职。1954年春，调燃料工业部石油管理总局任主任工程师。1956—1958年，任石油工业部技术司副司长，1958年担任石油科学研究院副院长。1972年再任石油化工科学研究院副院长，1977年任院长、党委书记。1978年后，任石油工业部副部长。

侯祥麟是一位可亲可爱可敬的世纪老人。侯祥麟是中国化学工程学家，燃料化工专家，中国科学院资深院士、中国工程院资深院士。他的一生始终将个人命运同祖国的命运联系在一起，这也是那一代中国知识分子的共同特点；他的一生也在中国的石油石化事业的发展中得到推进。

中学时代迷上了化学

侯祥麟的父母从小就教育侯祥麟要说实话、努力学习、与人为善，将来做一个对国家、对社会有用的人。童年时代，侯祥麟家的生活并不富裕。幼时的社会时局，在侯祥麟印象中只是“兵荒马乱，不知谁跟谁打”。而他印象最为深刻的记忆，是席卷全国的“五四运动”。当时，他的班主任是万千热血青年中的一个，不仅在课堂上给孩子们讲日本帝国主义侵略中国、阴谋灭我中华的种种罪恶行径，还带着学生加入游行队伍，一起振臂高呼“打倒列强!”、“还我青岛!”至今，侯老仍忘不了当年班主任“个子很小却慷慨激昂”的样子，因为这是第一个在侯祥麟心中植入抗日救国信念的人。这个信念，伴随着侯祥麟年龄的增长、阅历学识的增加和对国家愈加衰败的苦闷而日益强烈。

中学时代的侯祥麟爱好极为广泛，对文学、艺术、摄影、游泳、打球、桥牌、象棋，等等，样样都喜爱，是一个兴趣十分广泛的活跃分子。在各门功课中，侯祥麟最酷爱的是物理学，曾幻想过当一名像爱因斯坦那样的物理学家。最初对化学的兴趣，起自中学时代一位化学老师的“跑题”，这位老师的化学课讲得非常好，不知不觉中侯祥麟被引入了迷人的化学世界。他对学生们讲到，原子核中蕴藏着极大的能量，倘若释放出来会有极大威力。这奇异的未知世界吸引了侯祥麟旺盛的想象力和好奇心，少年冲动的侯祥麟，听了十分兴奋，他设想着：“要是用这种能量对付日本鬼子就好了!”没弄清楚这是物理学而非化学研究的他，就此“迷上了化学”。从此侯祥麟就把化学这门科学作为自己毕生的奋斗目标。

加入抗日救亡运动

1931 年，侯祥麟考入燕京大学。刚开学没几天，日本帝国主义就

侯祥麟童年时代……加入游行队伍，一起振臂高呼“打倒列强!”、“还我青岛!”

发动了“九一八”事变。国难当头，作为入学才几天的燕京新生，侯祥麟满腔激情地投入到抗日爱国运动中。燕京大学学生会组织南下请愿团，准备赴南京要求蒋介石出兵抗日，侯祥麟积极报名并随团南下。到了南京，蒋介石迫于社会压力，最终还是接见了学生。侯祥麟在台下亲耳听见蒋介石信誓旦旦地表示，要做岳武穆，不当秦桧，一定要抗日，让学生们回去安心读书。听起来觉得挺诚恳，所以学生们便放心地回到北京。回到学校后，侯祥麟天天等待着抗日的消息，可等来的却是蒋介石宣布“引退”，出兵抗日一事成了空话，后来等蒋介石再出山时也没听他再提抗日的事，反而对南下请愿的学生大加迫害。从此，侯祥麟对国民党政府彻底失望了。

信仰马列主义

1935 年暑假，侯祥麟参加了北京西山的一个夏令营。在夏令营中，他遇见了中学的同班同学胡实声。当时，侯祥麟的世界观是唯心主义，而胡实声已是地下党员，在讨论中他们俩的观点常常相左。在夏令营结束前，胡实声同侯祥麟长谈了一次，并向他推荐了一些辩证唯物主义、社会主义和政治经济学方面的书籍。其中，对侯祥麟影响最大的就是艾思奇写的《大众哲学》一书，这是侯祥麟信仰马克思主义理论的开始。从那以后，侯祥麟想方设法找一些马克思列宁主义的哲学、科学社会主义和政治经济学方面的书籍来读，而且完全被它们所吸引。他认识到，这些才是真理。

因不愿待在面临日寇威胁的北平，大学毕业后，侯祥麟考取了上海中央研究院化学研究所的研究生。到上海后，单身的侯祥麟在工作以外花了很多时间阅读马列书籍。那个时候，大多数马列经典著作在书店里根本买不到。一次，侯祥麟在圣约翰大学的图书馆查书目，偶然发现《资本论》和《反杜林论》的英译本，还有列宁的部分著作。喜出望外的他开始频繁借阅。那段时间，他常抱着厚厚的英文书穿梭于住地与图书馆之间，从不顾及可能被特务盯梢或检查。

侯祥麟在工作以外花了很多时间阅读马列书籍。图为侯祥麟在马克思雕像前。

从 1935—1937 年的两年里，侯祥麟白天在化学所做研究工作，晚上在住所看马列英文原著。每读到会心之处，他心中的激动难以言表，暗暗庆幸自己终于找到了真理。在国家危难之际，他认清了只有坚持马列主义的中国共产党，才是真正肩负挽救民族危亡、抗日救国的政党，并由此产生了做一名共产党员的想法。1937 年深秋的一天，侯祥麟终于把这个憋在心头已久的愿望当面告诉了燕京大学的同学龚普生。"请介绍我加入共产党吧。我已经读了许多马克思、恩格斯、列宁的著作，对共产主义非常赞同。在中国，我认为只有共产党是代表人民根本利益的，我想当一个共产党员。"听了侯祥麟的请求，龚普生很高兴，忙说："你的想法很好，但是现在我还不能介绍你入党。你到内地去吧，我可以介绍一个人与你认识，你一定有机会实现自己的愿望。"后来侯祥麟才知道，1937 年党组织不接受新党员，许多人都是 1938 年才加入共产党的，其中也包括龚普生。

1937 年底，侯祥麟一行取道香港，转至长沙找到了离沪前龚普生在信中介绍的湖南大学的张韵芝同志。在得知侯祥麟等人愿意参加抗日救亡运动后，张韵芝介绍他们到宣传抗日的难民服务团工作。在那里，侯祥麟认识了余书丹、李壬练等人。侯祥麟、余书丹、杜辉义、李壬练等人都积极要求加入共产党。侯祥麟、余书丹还商定，谁先入党就负责介绍另一人入党。后来，余书丹首先入党，不久就介绍了侯祥麟入党。在长沙的一间小屋里，面对列宁画像，侯祥麟、杜辉义、李壬练庄严宣誓，终于实现了自己多年的夙愿。从此，侯祥麟不再是孤独的爱国知识分子，伴随着中国共产党的发展壮大，他始终行进在时代的前列，成长为新中国科技事业的缔造者之一。

"催化裂解"为世界石化工业开辟一条新路

一个真正的科学家的快乐，是创新和奉献。创新，是科学发展的本质和灵魂；而奉献，是我们科学研究的目的——在侯祥麟大半辈子的科技生涯中，无论因为完成国家交付任务的需要，还是他作为一个

在国家危难之际，他认清了只有坚持马列主义的中国共产党，才是真正肩负挽救民族危亡、抗日救国的政党，并由此产生了做一名共产党员的想法。

优秀科学家的个性使然，求新，似乎是他一个显著特点。而之所以解决了我国石化炼油领域的诸多难题，取得了诸多令人瞩目的科技成果，大概也和这个特点分不开。

1978年春天，是科学事业与大自然同时复苏的季节。66岁的侯祥麟也发生一个重大转折，作为新上任的石油工业部副部长，他肩负起主抓全国石油科技工作和炼油工作的重担。

当时，正值全球性能源危机爆发，油价直线上涨。侯祥麟认真全面研究分析了国内外能源市场走势和技术发展后决定，从节约能源入手，抓管理、抓科研、抓技术进步，取得立竿见影之成效。那时，先进国家的科学技术和工业产品与我国的竞争日趋激烈，侯祥麟深感推进科研创新和工业技术进步是我国石化工业生存和发展至关重要的问题。为此，他殚精竭虑。

蒸汽裂解制取乙烯是世界上一直没有被突破的一项传统生产工艺。侯祥麟看到我国重油资源日趋增多，而蒸汽裂解生产乙烯所需的轻质油品日趋紧俏，于是他于1986年提出了用催化方法裂解重质原料油生产烯烃的意见，还亲自为这项技术取名“催化裂解”。在石油化工科学研究院等单位的联合攻关下，催化裂解于1990年成功进行了工业化试验，一些颇具权威的国际石油化学家预言，催化裂解工艺将为世界石化工业开辟一条新路。果然，它很快在中国、美国、欧洲和日本等国批准专利，并作为中国首套石化工业成套技术出口到国外。

侯祥麟的贡献

侯祥麟，化学工程学家，石油加工和石油化工专家。他长期负责石油工业的科研组织领导工作，主持研究解决了影响国产航空煤油自给的关键——喷气发动机火焰筒烧蚀问题；组织领导研究开发成功被誉为“五朵金花”的炼油新技术；还主持研制开发成功数十种特殊润滑材料，及时满足了我国国防工业的需要；积极建议和推动“用好1亿吨油”。为发展我国的石油加工和石油化学工业作出了突出贡献。

学习成就了他的人生伟业

——记周光召院士奋发学习的感悟

周光召（1929—）

周光召简介

周光召（1929—），湖南省长沙市人，理论物理、粒子物理学家，中国科学院院士。

1951年毕业于清华大学物理系，1954年毕业于北京大学研究生院。1957年赴苏联杜布纳联合原子核研究院工作，1961年回国。主要从事高能物理、核武器理论等方面的研究并取得突出成就。为中国物理学研究、国防科技和科学事业的发展作出了突出的贡献。曾任中国科学院副院长、院长，中国科学院学部主席团主席，中共第十二、十三、十四、十五届中央委员，第九届全国人大常委会副委员长。1996—2006年当选为中国科协主席。

采访周光召院士刚刚说出第一句话："您是世界知名的杰出科学家……"就被院士连连挥动的大手打断了，"你可千万别这么说……"态度诚恳，语调真切，我深深地被震惊了。

周光召院士确实是"世界知名"的"杰出科学家"。1957年春，年轻的周光召被国家选派赴苏联杜布纳联合原子核研究所从事高能物理、粒子物理等方面的基础研究时，就已硕果累累，曾两次获得联合原子核研究所的科研奖金，以至于当时国内外人士称赞"周光召的工

2004 年当代杰出华人科学家授奖仪式

作震动了杜布纳”。几十年中，他先后发表论文 100 多篇，对理论物理有突出的贡献，受到国内外物理学界的普遍重视和高度评价。

当年在杜布纳的工作崭露头角时，根据国家的需要，周光召毫不犹豫地回到祖国，积极参加并领导了我国核武器的理论研究工作，为我国第一颗原子弹的研制成功，第一颗氢弹的研制成功，为我国战略核武器的设计、定型以及其他一系列科学试验作出了重大贡献。1999 年9 月 18 日，江泽民主席代表党中央、国务院、中央军委向周光召等 23 位科技专家授予“两弹一星功勋奖章”，并号召全国人民向他们学习。

由于周光召院士对科学的重大贡献，他曾被意大利政府授予“意大利共和国爵士勋章”，被香港求是科技基金会授予“中国杰出科学家奖”，1996 年经国际小行星命名委员会通过，将国际编号为 3462 号的小行星命名为“周光召星”。

此外，周光召院士还被美国纽约市立大学、加拿大麦吉尔大学、香港中文大学等 6 所世界知名大学授予科学博士。目前，他是美国科学院、俄罗斯科学院、欧洲科学院等 11 个国家和地区的科学院院士……

当这位声名显赫的科学家连连摆手时，看到他的慈祥、平和的表情，听到两个小时的采访，他不提辉煌业绩，只讲不足之处，你是否对他的人格也会产生一种高山仰止的心理呢？

主观努力、善于学习、抓住机遇

回顾自己成长的经历，院士总结：有自己的因素、环境的因素和偶然的因素——机遇。

周光召 1929 年出生在湖南长沙一个知识分子的家庭。父亲周凤九曾任湖南大学教授、公路总局局长，新中国成立后，他作为有影响的专家，被邀请担任第一届全国政协委员，被任命为交通部技术委员会主任。

日本侵略中国，多少青少年失去了学习的机会，周光召也不例外。随着公路的不断被破坏，全家也就随负责修路的父亲辗转奔波，学习基本上荒废了。他曾亲眼看到日本鬼子的狂轰滥炸，在离住处大约一里远的地方，无辜的平民被炸死、炸伤，仇恨的种子深深地埋在了他幼小的心中。以后又随父亲到贵阳，最后总算在重庆定居下来，在这里，周光召只断断续续读了几年小学就算是毕业了。

以后到重庆上南开中学（实际只从初一下学期上到高二上学期），院士坦言："在中学，我的成绩并不好。""班上有许多同学成绩很好，例如陈布雷的儿子，还有化学家侯德榜等科学家的小孩，他们的为人都很好。"在中学，他遇到了一位让他终生难忘的数学老师唐秀颖，在唐老师的教导下，周光召对数学产生了浓厚的兴趣，不仅成绩提升很快，而且让他树立起自信的心理。

兵荒马乱，民不聊生。虽然周光召上的是"贵族学校"，但平时也只能吃发霉的米，白水煮菜。4 年中，父母都不在身边，这锻炼了他的独立生活能力和艰苦朴素的品格，从小就不追求物质享受。

1945 年日本投降。翌年，因父亲调回湖南，全家都跟回去了。那时，周光召还差一年高中才能毕业，就以同等学力资格报考了清华大学。同学们在报考志愿时有两种意见：一是为了自己将来的生存，另一种是为了国家强盛起来。经历了战争年代的周光召曾目睹山河被践踏，同胞被蹂躏，想到只有国家强大了才不受欺侮，于是报考了武汉大学的电机系和清华大学的物理系。由于周光召的数学好，被清华大学先修班录取。

清华大学优秀的师资队伍，为祖国培育了无数良材，在浓厚的学习环境中，周光召如鱼得水。由于没有按部就班地学习，开始时成绩并不理想，他虚心向同学学习，而且比别的同学更努力。当时，他的社会工作是管理图书馆，这也为他创造了得天独厚的学习条件。他每天来得最早，走得最晚，刻苦学习，久而久之，他的学习赶上来了，超过别人了，到大三时已非常突出，受到了教授们的青睐。特别值得一提的是，1951 年，他成为著名物理学家彭桓武的研究生，这是一位才德兼备，以后同为“两弹一星功勋奖章”获得者的导师。

周光召的童年时代是在抗战艰苦的条件下度过的。七七事变，侵华日军的铁蹄蹂躏了中华大地。嘶叫的空袭警报，混乱的逃难人群，沉寂的学园钟声，给他幼小的心灵投下了屈辱和苦难的阴影。

1951 年，周光召以优异的成绩考入北京大学研究生院，开始进行基本粒子物理的研究，成为我国著名理论物理学家彭桓武教授的研究生。彭桓武教授不仅学识渊博、治学严谨，而且作风民主。导师的治学方法和人格品质对周光召产生了很大影响，他不仅在学业上追求广度与深度的结合，还养成了善于进行创造性思维的良好习惯。周光召非常尊崇他的老师，老师彭桓武也非常重视这位弟子。

心态平和，善于向别人学习，是周光召院士成功的因素。他说：“许多同学比我学习好，但为什么后来没有那么高的成就呢？因为他们受的挫折少，自尊心过强，妨碍了他们向别人学习。不像我们在中间，不被注意，总可以不断地向别人学习。”周光召院士虚心好学，在不同的人生阶段，都能在身边找到自己学习的榜样。

在别人看来，周光召院士是幸运的：考上清华，留苏学习，参与第一颗原子弹的研制，受到党和国家的高度重视，在国家改革开放的历史时刻走上科学院和国家的领导岗位……对于机遇，周院士有他独

经历了战争年代的周光召……想到只有国家富强了才不受欺侮，于是报考了武汉大学电机系……

到的见解："机遇到处都有，能不能抓到与你平时的积累有关"，"一个机会没有了，也许下一个机会更好"。平时的积累就是：不放弃每一个学习的机会，努力做好交给自己的每一件工作。几十年来，不论工作有怎样的转换，他都努力做出优异的成绩。

学贵于行"需要"是学习最好的动力

周光召知识之渊博，令所有了解他的人赞叹。1980 年周光召应邀去美国两所大学任客座教授，著名高能物理学家、美国物理学会主席马夏克教授为欢迎周光召的访问，专门为他举行了以"弱相互作用"为题的学术会议，许多国际知名的物理学家都前往参加，足以见周院士在国际物理学界的影响。

远在 1961 年，周光召奉召回到祖国，接受了研究、制造我国第一颗原子弹的任务。原子弹，这是多么神秘而具有威慑力量的武器啊！美国在日本广岛、长崎扔下的两颗原子弹让全世界谈虎色变。为了打破核大国对原子弹的垄断，为了中华民族再不受列强的蹂躏，周光召和所有参加研制的科技人员、工人抱定一个信念："一定依靠中国人自己的力量，制造出原子弹。"

然而，谈何容易？当年美国研制原子弹，曾集中了全世界几十位学术上最有成就的科学大师，例如玻尔、费米、奥本海默等，而我们，多数是平均 23 岁的热血青年，周光召那年 33 岁，长他 14 岁的导师彭桓武也在其中。

核大国严密封锁着制造原子弹的知识。没有详尽的参考资料，甚至没有先进的仪器设备——那时科学家开始用的是乌拉尔氏手摇计算机，即使进行一次简单的计算，也要用手摇多次。茫茫戈壁夏天赤日似火，冬季呵气成冰，周光召和所有的科学家一起，夜以继日，怀着拳拳爱国心，将全部精力和才华投进去。学习学习再学习，钻研钻研再钻研。过分的辛劳让周光召病倒了，他拖着病体，继续工作着，聂荣臻元帅闻讯亲自派人送来了一筐苹果——那个年代，苹果是稀罕物。

彭桓武常说“弟子不必不如师”，他将周光召引为自己最出色的学生寄予厚望，说他将来一定能成为国家的栋梁之才。

周光召院士与杨振宁等科学家在一起

终于，在 1964 年 10 月 16 日，伴随着一声巨响和冲天的火焰，硕大的蘑菇云在戈壁滩上腾空而起，“我们终于成功了！”亿万人欢呼雀跃。接下来还要制造氢弹，唯有这样，才能与战争狂人抗衡，保卫祖国和世界和平。周光召等科学家又投入了新的战斗。“需要”是学习最好的动力，周光召体会得太深了。

周光召院士到底懂几国语言？外事局的同志说他“至少精通五国语言”，根据是周院士收到的国外来信都是亲自回复，他们将周院士以前批阅的回函拿了出来，“要是没看明白，能这么准确地批复吗？”但周院士不承认“精通”，他说，因为到苏联去学习，参加过清华大学办的俄文速成学习班；刚解放时有一个炮轰天安门的案子，当时调部分学生去帮助翻译信件，他被指派参加，因翻译需要，学习了德文；改革开放后第一批中美交流，访问教授要用英文讲课，迫使自己再次学习英语。周院士反复强调，需要是学习最好的动力。

在历任核武器理论研究所副所长、所长等职务后，1987 年周光召被任命为中国科学院院长，从一位自然科学家转变为国家最高研究机构的领导。在这个位置上，他又开始了新的、更高层次的学习里程。

作为科学家，周光召深深理解科学家们希望有一个稳定的环境搞基础研究，增强国力也必须重视基础研究；同时作为管理者，他明白国家需要科学家牵头为经济服务，发展生产力是目的。他表现了非凡的管理才能，在他上任后，实施这样的办院方针：奉行开拓精神，在中国科学院形成民主、团结、融洽、活泼的学术气氛，为科学家们创造一个身心舒畅的工作环境。同时，他提出了“一院两种运行机制”，不仅办成有国际竞争能力的研究所，还要形成一批有国际竞争能力的外向型企业，现今极具影响的三环、联想等企业应运而生。

在科学上成就卓著，在领导上业绩辉煌。周光召院士不承认自己的天赋，笃定认准学习。他说：“人的知识基础在学校，在工作中再学习，才容易体会知识的用途和深刻含义。有许多知识，你不在那个位子上，读再多的书也不能有那样的认识。”

现在，我们更加理解院士给我校的题词“学贵于行”的良苦用心了。院士告诉我们：要不断学习，在实践中学习，“终身学习已成为社会的必需”——这就是周光召院士成就人生伟业的秘诀。

周光召的贡献

主要从事高能物理、核武器理论等方面的科学研究并取得多面重要成果，在中国的第一颗原子弹、第一颗氢弹和战略核武器的研究设计方面进行了大量工作，为中国物理学研究、国防科技和科学事业的发展作出了突出的贡献。他参加并领导了爆炸理论、内爆动力学、辐射流体力学、高温高压物理、计算机学和中子物理等领域与核武器有关的研究工作，取得多项有实际应用价值的重要成果。在高能物理研究方面，他首先推导出赝矢量流部分守恒定理，对弱相互作用理论起了重大推进作用，对其后流代数和涉及 π 介子的理论发展有重要影响。他是首先提出利用丢失能量来寻找新共振粒子的学者之一。他首先建议利用原子核吸收探测弱相互作用中的致磁效应。在凝聚态物理研究方面，他在闭路格林函数、量子场论的整体拓扑性质等研究中取得一系列重要成果，并将所发展的闭路格林函数方法成功地应用于激光、等离子体、临界力学、随机淬火系统等方面。他发表研究论文近百篇。著有《极化粒子反应的相对理论》《膺轴矢流部分守恒》《静质量为零的极化核子的反应》等论文 80 余篇。

周光召院士题词

学贵于行

周光召

九五年二月廿二日

茅屋里走出来的大科学家

——记曾庆存院士从小刻苦学习的故事

曾庆存（1935—）

曾庆存简介

曾庆存（1935–）广东阳江市江城区岗列玉沙村人，是地质学家曾庆丰的弟弟。1956年北京大学物理系毕业，1961年在苏联科学院获副博士学位，回国后先后在中国科学院地球物理研究所和大气物理研究所任助理研究员，研究员，现任国际气候和环境科学中心主任，中国科学技术协会副主席，中国气象学会理事长，中国海洋学会名誉理事长。还曾任中国工业与应用数学学会理事。

笔者按：

现在有些年轻人耻于家境贫寒，甚至由此怨恨父母；有的学生不顾父母百般艰辛，和同学比吃比穿，个别青年为了和家长要钱竟然武力相加。其实由于种种原因造成的家庭贫困要具体分析，更没有理由愧疚。从贫寒家庭走出的科学家曾庆存院士向我们讲述了家贫德厚的父母怎样引领自己走上成才的道路，也讲述了自己如何自强不息用知识改变命运的。

家贫德厚　育我成人

我永远怀念着我的双亲、兄长和启蒙老师。没有他们的抚养、栽培和教育，我是不可能成长的。对于他们，我常有负债的心情，总希望能在他们在世时报答万一。可是时不我待，我的双亲、兄长和绝大部分启蒙老师都已辞世，想报答已无时日了。每想到这里，追悔莫及，悲不能已，只有默默鞭策自励，一生都不要辜负他们的辛劳。

我的父亲曾明耀、母亲曾杨氏是憨厚朴实的农民。我小时候家贫如洗，拍壁无尘。双亲率领我们这些孩子力耕垅亩，只能过着朝望晚米的生活。深夜劳动归来，皓月当空，在门前摆开小桌，一家人喝着月照有影的稀粥——这就是美好的晚餐了。然而双亲不怨天，不尤人。父亲只读过点私塾，母亲还是文盲，他们算不上知书之辈，却是达理之人。虽然家徒四壁，然而慷慨大方、道礼乐济。每遇村里婚丧，父亲总要格外奔波数日，尽量礼厚一点前往庆吊。屋园果熟，从不摘挑上市，一任村中男女老少采食。碰到小孩急从树上爬下时，父亲也着急起来，连忙柔声说道："随便吃吧，不要慌！莫跌下来，要不爷娘要难过的。"种得特别好的稻谷和蔬菜，父亲总要选来育种，并把种子分送乡亲们，盼来年有好收成。面对父亲种种憨痴，母亲从无半点愠容。父母躬身力行，潜移默化，就这样在我们儿女辈的幼小心灵中深深铭刻着为人的道德规范。需要说明的是，上面诸如"拍壁无尘""朝望晚米""月照有影"等词语，绝非我现在的杜撰，而是儿时由父亲把乡间民语提炼而成并由我在小学时写进日记中的。

记得父母亲和诸叔婶分家那年，父亲愁上加愁，好不容易从外面借到一石谷作为全家，尤其是抚育我们这些嗷嗷待哺的孩子的安家费，可是我哥哥曾庆丰已届入学年龄，于是双亲毫不迟疑，想尽办法送哥哥和我上小学。其实，我那时还小，只是双亲日夜在田间劳动，无暇照顾，也只好让我哥哥兼起"阿姨"的角色，带着我上学堂——就这

哥哥带着我上学堂……我们的作业一笔不苟，一题不错……老师对于这对打着赤脚、衣衫褴褛而又循规蹈矩、学习用工的学生，教师颇为疑惑……

样，我以非正规的方式进入了学生时代。父亲也和我们一起读小学课本，只不过是业余的。他是多么向往着读书而又无计求学呀！我们放学回来，先到田间和双亲、姐姐们一起劳动，待到太阳西坠，或至夜黑星斗满天之际，或是朗月当空之时，才收工回家。晚餐毕，我们早已困倦不堪，然而双亲却精神抖擞。母亲操作家务和准备明天的劳动，父亲手执火把，和我们一起温习功课，督促我们做作业，这对他来说，也是在上自修夜校。看到我们的语文作业如造句不妥，他就提出他的见解，点拨我们；在做算术题时，他则操作算盘核对。有时我们困得不由自主，下巴突扣桌面，他就在我们头顶上给几个“菱角”，于是痛楚又把我们恢复到清醒状态，（“菱角”是乡下语，意手指屈曲敲击头颅时发出像掰菱角那样的清脆响声）。就这样，我们上交的作业是一笔不苟、一题不错，而且在文句中还带着点贫苦老农的思虑。对于这对打着赤脚、衣衫褴褛而又循规蹈矩、学习用功的学生，教师颇为疑惑，于是他们不顾自己的身份体面，突破当时界限分明的成规，亲自到穷乡家访。当了解到真情之后，惊讶、感动、同情，随之而来的就是给我们以关心和帮助，师生间的感情已像水乳交融在一起了。期末，老师对我哥哥的书面评语是：“老成练达，刻苦耐劳。”对我的评语是：“天资聪颖，少年老成。”虽是过誉，大概也是老师的真实感受，多少反映出我们当时的某种情态吧！“老成”、“老成”，我们那时还只是小学三年级的学生呢！后来，我父亲还得到了别的优待，例如可以几乎无偿地到学校里挑肥——这对农夫来说是非常实惠的，当然，这是后话。

启蒙解惑　师恩难忘

众多的启蒙老师中，我印象最深刻的是陈淑贞老师。她是日寇侵占广州后逃难回家乡阳江的。她学问渊博，对学生的眷眷之心和循循善诱，使我们班每个同学都从内心深处喜欢她、佩服她、爱戴她。特别是她开明、不拘泥于成规习俗。有一次，她藐视早晨升旗、训话仪式，带着全班同学，顶着晨雾，一路上有说有笑，豪迈地登上附近的最高峰“望了岭”（其实是一个山丘，因那时年纪小，眼前事物无不显得高耸庞大，自然当做高峰了）。站在山顶上，旭日东升，晨雾消散，那山脚下不远处的县城，大街小巷，楼房树木，如栉比一般，历历在目；村外有村，山外有山，绿野平畴，江流如带；还有那高耸入云的远山，空阔连天的大海。得见这样广大的世界，大家指点江山，跳呀，唱呀……现在我也无法形容当时心胸的突然开阔所带来的快乐。忽然间，陈老师指着遥远天边的一个黑点，说那是船，要我们细心凝视它的变化。渐渐地黑点由细变粗，开始露出船桅，终于显出船身。于是她讲起了地圆学说，还讲了岛屿、海盗和日寇的侵略，告诉我们轰炸县城和学校的炸弹，就是由海上飞来的日寇水上飞机投下来的。诱导自然而然，在我们幼小的心灵播下自然科学和民族义愤的种子。至今我也不知道她这次犯了校规是否受到了处分。还有一次，是重阳节，她不带我们去热闹的北山看纸鸢（yuàn）比赛，而是到附近山丘，寻找那早已荒芜的“流杯池”，给我们讲述王羲之、兰亭集序和曲水流觞（sh āng）的故事。也许她在抒发思古之幽情，也许意在熏陶后辈的风雅——那时我班同学大多数的习字格（北方叫描红）正是“惠风和畅、曲水流觞！”遗憾的是陈老师只教了一个学期，便又因时局吃紧而匆匆西迁去了。当我得知时，难过了好几天，上课也无精神，梦里频频出现她的身影，真是余音绕梦，迷迷糊糊，喃喃念着“惠风和畅，……”似诗非诗，似叹非叹。确实，她和畅的惠风，经久地吹拂着我脑海的清流，从童年到现在，时而皱起阳春的涟漪，时而掀起连天的波涛。我永远怀念着敬爱的陈老师。可是那次一别，就杳无音信，至今不知她在哪里，我祈求上苍赐她长寿！

天道酬勤　寸草春晖

穷学生的生活确实酸辛。“做牛做马”这个形容词，对于我们（至少是我和哥哥）来说，却是实实在在的。春耕时节，家贫无牛，哥

我印象最深的是陈淑珍老师……看旭日东升……讲地圆说……告诉我们日寇从飞机上扔下炸弹，在我们幼小心灵播下自然科学和民族义愤的种子。

哥就执行牛的任务，在前头背荷并手拉着绳索，父亲在后面扶犁倾铧(huā)，我则随后伛（yǔ）偻（lǚ）着搬泥块。冬天，全家主要生计来源是在一块旱地上种菜。放学回来，兄弟俩的任务是从很远的水塘一担担地挑水，再一勺勺地淋浇到菜根上。水冷衣单，就着黑夜星光照路，兄在前，弟在后，前呼后应，或者背书有声。也不知经过几十个来回，终于才可以收工回家。我是用父亲为我特制的矮桶挑水的，而那护菜用的疏木栏杆式的园门槛，槛高几与胸齐，要挑着水桶跨过它绝非易事，我难免有人仰桶翻之时，双亲知道了也难于加责，而我膝盖上的累累伤痕则更是数不清。然而贫也不减其乐，我们可以享受“三余”。一是“夜者日之余”：每当我们做完作业，父亲就拿着小柴枝，在地上练起大字来，晚晚如此，一直坚持到辞世前不久。如若我们还未疲倦已极，他还一边练字一边讲解如何运笔用力，甚至把着手示范。尽管那笔势是他匠心独运的功夫，不见于经传，我却是得益匪浅。二是“阴雨者时之余”：特别是台风过境之日，狂风挟着暴雨，把全家人封锁在屋里，漏串千行。父亲若有所思，忽然说道：“久雨疑天漏”，要我们对对，我随即应声道：“长风似宇空”，父亲虽不无赞赏地说有几分少年英气，却嫌对欠工整，说“迅雷讶地崩”也许工整些，不过他自己也不满意。继续研谈下去，从自然到人事，父子兄弟竟然联句得诗：“久雨疑天漏，长风似宇空，丹心开日月，风雨不愁穷。”（1988 年 2 月春节期间，我回家探亲，父亲还背诵这诗，并在昏暗的灯光下写在蜡黄色的土纸上，当时他已 83 岁了。这幅字至今为我最珍贵的纪念品）。三是“冬者岁之余”:家乡冬耕忙碌，本无余暇，不过时有寒潮，偶有霜冻。风扫寒林，脚踩霜地，身随风栗，脚痛撺(cuàn)心，别有一番风味，不觉成句：“寒风刺骨的冬天，各种虫儿地底眠，翠木繁花皆冻死，苍松挺立在山边。”这当然不能说是诗，完全是孩子的幼稚造句，还文言白话混合，不过它是我的第一个习作，也凝聚了父亲多年的心血。

父母爱子之心至深至微，可是我小时候不大能够体会。新中国成

1957年留苏出发前……双亲摸着我的头，好久才说了句话："你都长这么大啦，好想你呀。"……倒是我忍不住失声痛哭起来。

立了，县人民政府派车送我们全班毕业生去广州考大学，这是做梦也想不到的事，大家的豪情快意不言而喻。清晨，大家在车站列队，等候上车。突然，我发现父亲在远远的对面站立着，很久很久，他终于移步走到我面前，说声："这是你的墨砚，你忘带了。"便把墨砚塞进我衣袋中，然后低头走开了。当时，我竟然语塞，只是傻低着头。车开了，我看到父亲仍然木立望着我们，直到车转了弯，才见不到他的身影。

我和哥哥上了广州，又上了北京，一去5年，无忧无虑，我的身高也由不足1.5米到超过1.7米，却不知爷娘思儿心碎、望儿心切。1957年留苏前月，我以十分喜悦的心情回乡省亲。傍晚到家乡，只见父母倚门而待，我疾趋向前，这才发现双亲已经白发苍苍了。双亲抚摸着我的头，好久才说了句："你都长这么大了，好想你呀！"他们的声音是控制着的，倒是我忍不住失声哭了起来。我对不住你们呀，双亲！此时，我尤为深刻地体会到，没有双亲对我异乎寻常的抚育教养，多病、多灾、多难、幼小的我不可能数度化险为夷生存下来，更不可能学有所成，报效祖国。后来我得知，父母亲也曾患过重病，唯以不断呼叫着哥哥和我的名字而自慰，用极不寻常的坚强和毅力，制服了病魔。

父母亲的坚忍不拔永远激励着我。每当我生病或者遇到困难时，父母亲的形象就出现在我面前。我总是咬紧牙根，硬顶上，否则就不是曾明耀夫妇的儿子。

曾庆存的贡献

世界知名的科学家。主攻大气科学、地球流体力学和应用与计算数学，在大气动力学和地球流体力学理论、数值天气预报方法、气候数值模拟和预测理论、遥感和自然控制论等许多领域多有贡献。现任国际气候和环境科学中心主任，中国科学技术协会副主席，中国气象学会理事长，中国海洋学会名誉理事长。同时诗著颇丰，诗中饱含爱国激情，赞美河山，歌唱生活，诗集命名为《华夏钟情》。

曾庆存院士题词

中关村中学的同学们

努力学习 多动脑筋

打好基础 練好本領

曾庆存

数学之美在于简单

——著名数学家王元院士成功之路

王元（1930—）

王 元 简 介

王元（1930—），著名数学家，华罗庚数学奖得主。王元出生于浙江兰溪一个知识分子的家庭，很早就受到启蒙教育。主要研究领域是解析数论。他曾任研究室主任、所长、所学术委员会主任、中国数学会理事长、《数学学报》主编，联邦德国《分析》杂志编辑，新加坡世界科学出版社顾问等。

王元，是著名数学家华罗庚的学生，是中国科学院学部委员，数学研究所研究员，主要从事数论研究。几十年来，他的研究成果累累，得到了国际数学界的高度赞扬。他是怎样从一个学习成绩中等的学生成为一位著名的数学家的呢？

从小兴趣广泛

王元出生在一个知识分子的家庭，很早就受到启蒙教育。他不特别聪明，更不是神童，但是他同大多数有成就的人一样是通过苦学才

王元从小兴趣广泛，求知欲强……他看别人拉二胡，自己也动了心，成为二胡的爱好者。由于他抓紧时间苦练，又肯动脑筋琢磨演奏技巧，不久就成为出色的二胡演奏者。

获得成功的。王元的小学、初中时代，是在战乱与艰难中度过的。4岁上学，那时他还是个天真活泼的小孩，一心只想玩，结果连续留级了两年。上中学时学习成绩只是中等水平。这样一个成绩中等的学生，却有一个十分突出的特点：兴趣广泛，求知欲强。凡是他兴趣所及，都肯花费时间刻苦钻研。开始，他喜欢看小说，不管多厚的本本，他都要想方设法看完它。他看别人拉二胡，自己也动了心，成为二胡的爱好者。由于他抓紧时间苦练，又肯动脑筋琢磨演奏技巧，不久就成为出色的二胡演奏者。后来，他又喜欢画画和游泳。他经常带着画板出去写生。画累了，就脱下衣服跳到湖里痛痛快快地游泳。广泛的兴趣，养成他不怕困难和一种强烈进取的精神。只要他感兴趣的项目，他总比别人学得好。

王元，是著名数学家华罗庚的学生，现任中国科学院学部委员，数学研究所研究员，主要从事数论研究。几十年来，他的研究成果累累，得到了国际数学界的高度赞扬。他是怎样从一个学习成绩中等的学生成为一位著名的数学家的呢？

遇名师步入数学王国

1948年，王元高中毕业考入浙江英士大学数学系。浙大是我国老一辈数学家陈建功、苏步青多年执教的地方。数学教育卓有传统。二位教授自20世纪30年代起就坚持办高年级学生读书讨论班，对于培养学生独立科学研究的能力极有帮助。浙大的教学环境激发了王元对数学真正的兴趣。大学四年级时他在读书讨论班上报告了英哈姆的《素数分布论》。1952年，王元从浙江大学毕业，因成绩名列前茅，

与华罗庚院士的师生情

被推荐到中国科学院数学研究所，一年后又被分配到该所数论组。王元有幸能在华罗庚教授的直接指引下开始其科研生涯。他到数论组是华罗庚亲自挑选的。王元在华罗庚领导的研究集体里边学习，边工作。为了攀登世界数学高峰，华罗庚举办了一个数论讨论班，王元参加了这个班的学习。华罗庚在讨论班指导，总是先把讲稿发给大家，然后叫大家报告、讨论。还有一个规矩，报告人讲完以后，必须回答别人提出的问题。如果答不出来，就要你把问题写在黑板上，站在台上思考，学生们把这种情况叫做“挂黑板”。华罗庚在当时已经预测到赛尔伯格筛法和列尼克方法在数论中可能发展，可能是解决哥德巴赫猜想问题的一个有效办法。讨论班也就这一方面的问题开展探讨。有一天，轮到王元报告了，题目是赛尔伯格筛法。这实际上是一个二次型求极小值问题，它要联系到凑平方。王元在黑板上凑平方的时候，忽然紧张起来，左凑右凑也整不出来。他的问题在黑板上被整整挂了一个小时才解决。王元被“挂黑板”以后，牢牢记住华罗庚的话，当前世界上从事这方面工作的人很多，掌握并钻研筛法意义很大。王元前进的目标明确了，他大胆地选择跟筛法有关的哥德巴赫猜想问题作为自己的主攻方向。他放弃一切休息日和文娱活动，更加专心致志地攻读。不久，他和一个外国科学家一起，写了两篇有关筛法研究的论文，在数学研究中初露头角。以后，王元又就同一个问题写了几篇论文，华罗庚看后狠狠地批评了王元一顿，他语重心长地说：“你有了速度很好，但还要有加速度，只在原水平的基础上工作，永远也不会有更好的成绩。”王元很快就明白了华罗庚这番话的道理。他知道，物体要做加速运动，需要外力；科学研究要有加速度，需要勇于开拓。

关于哥德巴赫猜想研究

王元关于筛法与哥德巴赫猜想的研究，确立了他作为著名数论家的地位，王元主编的《哥德巴赫猜想》，全面总结了哥德巴赫猜想研究的发展与现状，其中包括他本人的工作。以后与华罗庚开始了长达20

王元又就同一个问题写了几篇论文，华罗庚看后狠狠地批评了王元一顿，他语重心长地说：“你有了速度很好，但还要有加速度，只在原水平的基础上工作，永远也不会有更好的成绩。”

年的师生合作，取得了辉煌的成果。他的代表性著作有《数论在近似分析中的应用》《哥德巴赫猜想》及《在中华人民共和国普及数学法》（以上与华罗庚合作）。王元对哥德巴赫猜想有精深研究，他首先证明了每个充分大的偶数为一个素因子不超过 2 与一个素因子个数不超过 3 的整数之和。这一成果在 1984 年获得国家自然科学奖一等奖；他又与华罗庚一起提出了计算多重积分的新方法，国际上称为“华—王方法”。王元是在新中国成立以后，华罗庚教授亲自培养下成长起来的一代数学家，也是国际上公认的以华罗庚为首的“中国数论学派”的重要成员。“勤奋出天才”是王元的座右铭。他认为科学研究特别是基础研究在很大程度上靠积累，王元所做的读书笔记就达 3400 页，他从事科学研究而付出的辛劳由此可见一斑。王元又是一位谦逊的学者，研究哥德巴赫猜想的经历使他深深体会到，科学研究如同攀登无限的梯级，一个人无论达到多高，也总是在前人的基础上前进。因此他说：“恰如其分地估计自己不要过分陶醉于自己已经做了些什么，始终有个危机感，这样就永远不存在自满的可能性。”他认为，这种态度来源于对整个数学知识海洋的客观认识。王元成为国际数学界享有盛誉的数学家，他的成才之路是与勤奋、刻苦、谦逊的态度及不停顿地向科学高峰进击的精神分不开的。

王元的贡献

20 世纪 50 年代至 60 年代初，王元首先将解析数论中的筛法用于哥德巴赫猜想的研究，并证明了命题 3+4，1957 年又证明了 2+3。王元证明的 2+3 表示的是：每个充分大的偶数都可以表示成至多两个质数的乘积再加上至多 3 个质数的乘积。这是中国学者首次在这一研究领域跃居世界领先的地位。其成果为国内外有关文献频繁引用。其后，他与华罗庚合作致力于数论在近似分析中的应用，他们于 1973 年证明的定理，受到国际学术界推崇，被称为华–王方法。20 世纪 80 年代在丢番图分析方面，将施密特定理推广到任何代数数域，即在丢番图不等式组等方面取得先进的成果。

王元院士题词

刻苦学习
勇于探索

北京市中关村中学留念

癸未 王元

以成长感悟眷注后人

——控制论与人工智能专家戴汝为院士自述

戴汝为简介

戴汝为（1932—），云南石屏人，1951年考入清华大学，1955年毕业于北京大学，分配到中科院力学所工作，师从著名科学家钱学森，后到中科院自动化所工作至今。1980年作为国家首批派出赴美访问学者师从著名模式识别大师傅京孙教授；1991年当选中科院院士。

戴汝为（1932—）

高考目标定位在清华

抗战期间，我的母亲吴守箴在西南联大文书组任职。那时我常常听她讲到某某知名教授放弃了国外安定地优越生活，携带家眷回到战乱中的昆明，来到西南联大“享受”这微薄的“米贴”（只发给购米补助）。她钦佩教授们克服了重重困难在大后方坚持为国家培养未来的人才。母亲对他们的爱国精神和高深的学问是十分敬重的。她讲这些是教我做人，同样期望我长大成为一个有学问的人。在联大特有的校风和“联大人”特有的气质感染与陶冶下，在母亲含辛茹苦的厚望中，当时自己虽然还是贪玩的年龄，但高考的目标却定位在“清华”了。因为我知道，那是中国学子成才的摇篮。记得那时高三的同学曾传诵着“抬头望明月，低头思清华”被我们改写的“诗句”，从中可以看出当时青年学生追求科学真理的志向。

抗日战争胜利后，清华大学又迁回了北平（北京）。高中毕业，为了实现追求科学的理想，我决心从昆明北上，到北京报考清华大学，因为解放初期高考是分地区进行的。从昆明到北京，现在只要三个半小时的飞机航程，可是在20世纪50年代初，我和4名同学竟整整走了15天。

那一年我17岁，含泪告别了揪着心的母亲，背着行李在运炭的敞篷货车上颠簸了7天。如遇上雨，在露天的车厢里披着雨衣，真是饥寒交迫。车在云贵高原泥泞崎岖狭窄的山路上艰难地爬行，低头看见山谷中时而出现的汽车残骸，现在想起来还毛骨悚然。当汽车开到广西金城江时，终于可以从这里搭乘火车到北京了，我和同行的同学都悲喜地落了泪。

离昆明前，虽然知道在京举目无亲，但对一个有着执著追求的孩子来说，什么困难都抛到了脑后。经过了不少磨难，我们终于抵达了梦寐以求的清华学府，当时那兴奋劲儿好像已经成了清华大学的学生。其实，酷暑天参加高考，眼睁睁地盼着发榜，为自己的食宿到处奔波等一道道更严峻的考验等待着我。终于，这一天来到了，当我正式接到清华大学录取通知书时，我的心反而异常平静。在清华大学刚学习了一年，恰遇1952年我国高等学校院系调整，我被转到湖光塔影的燕园，在新的北京大学度过了难忘的大学生活。

名师出高徒

我并非高徒，但要成为高徒，名师的点拨是十分重要的。1955

那年我 17 岁，含泪告别了揪心的母亲……终于抵达了梦寐以求得清华学府……

年，我从北京大学数学力学系毕业后分配到中国科学院力学研究所工作。其时恰逢钱学森教授从美国归来，任力学所所长。作为实习研究员，我被分配在他直接指导下从事工程控制论的研究工作。有这样的大科学家作为我的导师，我深感幸运！在几个月的时间里，我聆听了钱先生讲授他所开创的《工程控制论》，学员来自北京和外地的科研单位和高等学校。听课后，我的工作之一便是参加整理听课记录，然后作为讲义印发给听课学员。为此，钱先生每次都审阅并修改我们的听课笔记。有时，我也向钱先生请教疑难问题，这对于一个初出校门的青年来说机会太难得了。这期间我还参加了英文版的《工程控制论》翻译工作。为此，我的业务进步很快，这为自己以后的科研工作铺垫了厚实的基础。

1982 年，我从美国进修归国后，详细地向钱先生汇报了在国外研究模式识别方面取得的成果。他充分地肯定了我的研究方向，并给予我鼓励和支持。很快，在他的引导下，我开始了对形象（直感）思维的探讨及以后的综合集成、人机结合等方面的研究。十几年来，通过与钱学森教授在新兴的科学领域共同进行开拓性的研究工作，我受益最深的是，亲自领会到他以对科学特有的敏锐和博大精深的知识，他始终战斗在科学的最前沿的典范。这对我一生的科研思路具有重大影响。

欲求教于名师，就要抓住机遇。我在美国进修期间，选择了国际模式识别和人工智能学科领域里杰出的学者和先驱，美国工程科学院傅京孙（K.S.Fu）教授做指导，我是大陆第一个到他那里进行合作研究的访问学者。这位信息科学大师，以他培养的众多人才（72 名博士）和出色的科研成就，确立了他在国际学术界的突出地位。早在 20 世纪 70 年代，我已从大量文章与资料中了解到傅先生的工作，加上在美国与他合作研究两年多，我感到他确实是一位名师，因为他善于发现别人新的研究构思，并引导你深入系统地做下去。由此，我在艰难的科学道路上又往前迈了一大步。

回想自己的成长路程，我更加信服和恩感于我的小学、中学和大学的老师们。

幼年教育铸造终生

看到我带那么多的研究生，常有人问我喜欢什么样的学生，我的回答自然与我的经历密切相关。这使我想起了多年前我曾就读的西南联大附小和附中的老师们，他们高水平的教学使我受益终生。至今我仍清楚地记得我的语文、数学老师（都曾在北京大学等高校任教）是怎样把我们这些孩子领进美妙的文学世界和数学迷宫，在文化素养的修炼上给我们打下了坚实的基础。我曾与正在读高中的女儿聊起古典小说里的人物，她对我这个一辈子搞理工的人的文史知识大为惊讶，以至竭力“推荐”我去电视台参加当年的《红楼梦》知识竞赛呢！

回想起自己所受的教育，我庆幸走的不是一条“读死书、抠分数”的窄路。那时在西南联大附小、附中确实聚集了一支思想开明、作风民主、学术有成的高质量的教师队伍。他们把东、西方文化与科学巧妙而自然地结合，将做人的美德和渊博的知识，像大动脉输送新鲜血液一样传播到我们的头脑中。是良好的中小学教育使我树立了做人的准则，打下了较全面的文化知识基础，并培养了我们的广泛兴趣。老师对我们管而不死，在那个年代，他们的民主思想深深地感染了我。少年时受到的熏陶往往影响人的一生，这一信念及作风，后来几乎贯穿了我的整个学术生涯。

工作后，无论是在大学里给学生上课，还是指导研究生，我始终注意要善于发现并鼓励一些学生大胆提出与我不同的学术见解；我更偏爱那些善动脑筋，敢于直抒己见，而且坚持正确方向一做到底的青年人。我常常提醒自己的学生别把眼光都禁锢在狭窄的教科书里，学知识要基础扎实、博古通今；我要求不墨守成规，要标新立异。只有这样培养学生的创新精神，才有可能在新兴学科里立足与发展，从而取得开拓性的成果。

少年戴汝为英语特别差……昆明翠湖堤畔，每天清晨，总会看到一个男孩在大柳树下朗读英语……

翠堤春晓

20世纪40年代，少年戴汝为从西南联大附小“跳班”提前一年毕业，考入了著名的联大附中。英语课，对当时的孩子们是那样新奇和陌生。在第一节英语课上，老师很快带读了26个英文字母和几句课文后，就从座位上叫起戴汝为和一个女同学进行英语对话。当戴汝为的同桌流利地用英语向他发问时，他睁大了眼睛却不知所云，连一个单词都说不出来。为学习的事，他头一次感到了羞愧。

回到家里，直到晚上睡觉，他一直闷不做声，母亲猜想儿子惹祸了。本打算第二天清早问个究竟，但清早时母亲却看到儿子的床空了。

自从那天起，在昆明的翠湖堤畔，每天清晨，散步的人们总会看到一个男孩在大柳树下高声朗读英文，那就是戴汝为。一个学期下来，他的英文成绩已名列前茅……

很多年以后，在北京的一次中学校友聚会上，好几个同学都好奇地对他说：“戴汝为，我们都以为你大学报考的是英语专业呢!”再后来，他才知道当年与他在第一节英语课上会话的小女生，做过家庭教师，是个加拿大洋人。

戴汝为的贡献

20世纪50年代从事工程控制论与最优控制的研究，攻克快速控制的计算难题；80年代中期开展人工神经网络在知识工程中应用的研究，用人工神经网络通过学习进行模式识别、联想记忆和形象思维，提供了模式描述与知识表达的统一模型，并进一步提出了用物理符号处理、定性物理、可视知识及人工神经网络等综合各种模型的知识系统设计，并在技术上实现。

戴汝为院士题词

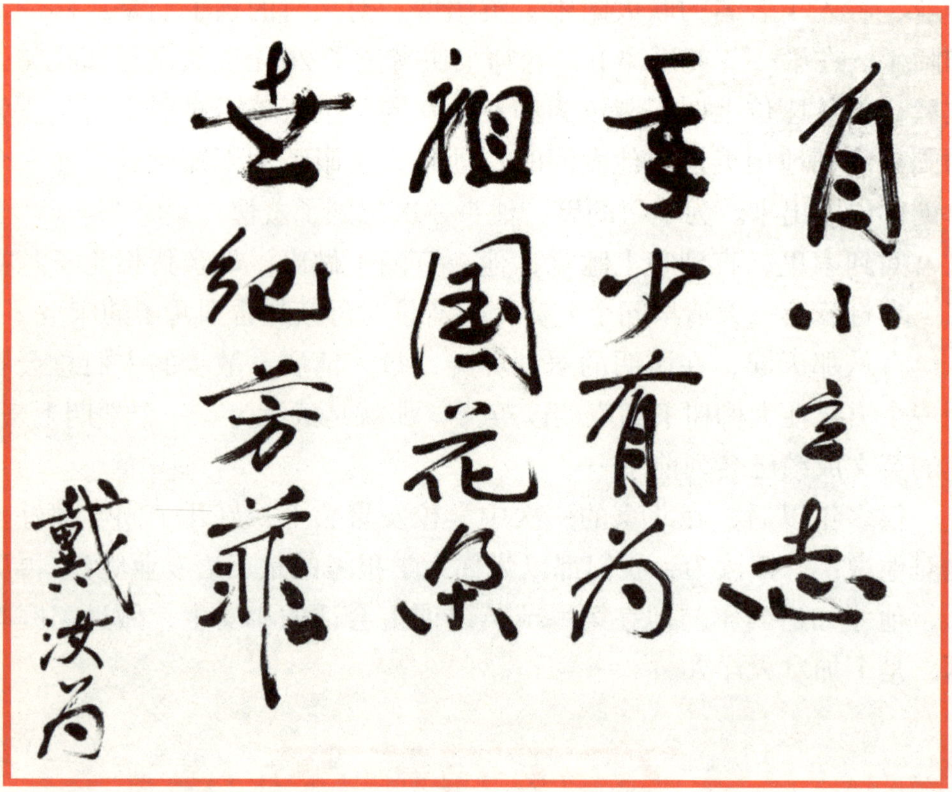

戴汝为教育名言：

无论是在大学里给学生上课，还是指导研究生，我始终注意要善于发现并鼓励一些学生大胆提出与我不同的学术见解；我更偏爱那些善动脑筋，敢于直抒己见，而且坚持正确方向一做到底的年轻人。我常常提醒自己的学生别把眼光都禁锢在狭窄的教科书里，学知识要基础扎实、博古通今；我要求不墨守成规，要标新立异。只有这样，才有可能在新兴学科里立足与发展，从而取得开拓性的成果。

农家茅舍飞出的金凤凰

——记从近地层跨入太空的空间物理学家刘振兴院士

刘振兴简介

刘振兴（1929—），空间物理学家、中国科学院院士、国际宇航科学院通讯院士。出生于山东省昌乐县。1955年毕业于南京大学气象系，1961年在中科院地球物理所获副博士学位。现任中科院空间科学与应用研究中心研究员、博士生导师，学术委员会副主任，中国地球空间双星探测计划首席科学家，中国Clustey数据和研究中心主任，欧空局Clustey科学数据系统指导委员会委员、国际地磁和高空物理中国委员会主席等职。

刘振兴（1929—）

生活中我们都已经离不开天气预报了，什么强台风啊，暴风雪啊，沙尘暴啊，寒潮啊……这些肆虐地球的妖魔，虽然还是张牙舞爪，但由于人们事先能得到预报，有了各种防范措施，大大减少了生命与财产的损失。但对于像杨利伟那样到太空去的人来说，大气层的预报就远远不够了。为了开发和利用太空资源，为了科研，包括军事的需要，人们把航天飞机、人造卫星、空间站相继送到更高的天空，但对于它们的飞行区域空间环境，人们知道得还远远不够。这个区域表面看起来风平浪静，实际上潜伏着各种危机，有时突发的磁层空间暴常令空间飞行器猝不及防，直接威胁着宇航员的生命安全。所以研究这个区域的自然情况就太重要了。同时，由于它太遥远、太复杂，难度也就更大了。为了探索这一空间区域的奥秘，各国科学家都在竭诚努力，但是谈何容易？

我国科学家提出的“地球空间双星探测计划”（简称“双星计划”），就成为这一举世大探讨中的杰作。

农家茅舍飞出了金凤凰

刘振兴出生于山东省昌乐县一个普通农民的家庭，祖父是一位受村民尊重的乡村医生，医治天花尤为拿手，被当地人尊称为“二宝神”。祖父思维敏捷，遇事不慌。刘老记得小时候有一次吃了螃蟹，又吃了一个柿子，螃蟹与柿子在肚子中发生反应，肚子开始鼓胀，尿也排不出来，急坏了全家人。那时候可没条件去大医院，怎么办呢？祖父冥思苦想，用什么方法救孙子？忽然，祖父吩咐：“快灌木瓜汁！”

原来，祖父在情急之中想到农民为了让柿子变软，在柿子旁边经常放上木瓜，能不能用这个办法治孙子的病？木瓜汁灌下后，奇迹出现了，刘振兴的肚子慢慢变软，尿也一滴滴地排出了。现在回忆起来，刘院士仍动情地说：“是爷爷救了我一命。”

祖父去世后，家庭经济每况愈下。父亲当时在青岛一家工厂做工，工资很低，又值日本鬼子侵略中国，硝烟四起，民不聊生。为了躲避鬼子的烧杀，刘振兴全家和村里的人经常到邻村去躲避。一次在返家的路上遭到鬼子的伏击，子弹横飞，许多乡民被打死，刘振兴和母亲死里逃生。谈到上学，更是“三天打鱼两天晒网”，农闲时就去上学，农忙时就帮助父母种地。当时刘振兴力气小，大人耕地时，他的任务就是在前面牵驴。

高小没有上完，刘振兴报考了山东省立昌乐中学山堂分校的简易师范。学校的条件很差，连煤油灯都点不起。晚上，同学们在小瓶里放点花生油，插一根小棉花捻，用这微弱的灯光上晚自习。那时吃饭问题自己解决，学生每周日从家带干粮，吃饭时就点老咸菜，非常艰苦。为鼓励学生好好学习，学校每月都考试，前十名的学生可以领到50多斤由小米和大豆碾在一起的粮食。刘振兴每次都考前五名，他总是把好粮食留给家人，自己吃次的粮食。有时候，同学们也凑一点粮食，换点豆腐或花生，打打牙祭。

学校住宿条件也很差，当时刘振兴和十几名学生挤在学校北面的一间破房子里，但生性乐观的他给这间破屋起了个好听的名字——“北大宿舍”。他向往北大那样一流的名牌大学，向往学到高深的知识以便有一天能宏图展翅、报效祖国。

难能可贵的是这里的教师非常优秀，好多教师都毕业于名牌大学。战争迫使他们避难到乡下，他们把自己的才华无私地奉献给了学生。名师出高徒，加上刘振兴天资聪颖，学习勤奋，这为他日后的成才打下良好的基础。多少年后，刘振兴成了国际上知名的科学家，成了我国科技界的栋梁。农民的茅舍中，飞出了金凤凰。

“姐妹双星”与“四仙子”携手探测太空

在讲解双星计划前，刘老先给我介绍了地球磁场与太阳风的故事。原来地球是一个大磁体，在它的周围有巨大的磁场，这个磁场在高空中受到太阳风的影响。太阳风是一种等离子体，它也有磁场。太阳风好像要把地球磁场吹走，而地球磁场则予以阻挡。在地球磁场的“反抗”下，太阳风绕过地球磁场继续向前，于是形成了一个被太阳风包围的，像彗星状的地球磁场区域，这就是磁层。在地球的空间区域，除了磁层，还有电离层和热层。在60~1000千米高度的电离层，不同的层面可反射不同波长的电磁波，这对无线电通讯很重要；而在80~500千米高度的热层，最高温度可达1000℃以上。由于太阳的活动和行星际的扰动，地球磁场会发生改变，从而产生地球空间暴，这是高空的“天气灾害”，如磁层亚暴、磁暴、磁层粒子暴等。双星计划就是要探索上述的自然情况。

双星由两颗以大椭圆轨道绕地球运行的小卫星组成，一颗是赤道区卫星，一颗是极区卫星。为了实现一系列的科研目标，两颗卫星各载有 8 台探测仪，每一台仪器分别担负着不同的重要的使命。

双星计划提出后，立即引起了国际空间界的重视，而欧洲空间局尤为积极。为了推动与中国双星计划的合作，欧空局派出了代表团访问了中科院空间中心，代表团一行人在听取了刘振兴院士关于双星计划的报告后，当场表示要和中国进行合作。

为什么欧空局如此积极呢？原来，在太空探测工程中，欧空局在实施一项“星簇计划”，这项计划是将 4 颗同样的卫星发射到空中，在空间形成一个四面体，从不同的角度研究太空和随时间的变化。他们还给这 4 颗卫星分别起了 4 个好听的名字：萨萨、桑巴、伦巴和探戈，形容它们在空间时而分离，时而聚拢，就像四仙子在翩翩起舞。但遗憾的是这 4 颗卫星的轨道布局存在着局限性，主要是对航天活动有重要影响的磁层亚暴、磁暴和粒子暴的发生区探测不利，而我国的双星计划正好填补了这一空白。

而我们为什么又欣然同意呢？其实，刘振兴院士在提出双星计划之初，就瞄准了欧空局的星簇计划。刘院士说：“我们是空间大国，但不是空间强国。我们要抓住机遇，跨越发展。现在与欧空局的合作，就是一个机遇。通过这次合作，我们不仅可以用较少的资金达到空间探测的目的，还能学到很多新的技术。”

2000 年欧空局分两次将 4 颗卫星送上太空，2003 年我国“探测一号”赤道星发射，2004 年我国“探测二号”极轨星发射。如今这六颗星珠联璧合，齐飞共舞，首次形成地球空间的“六点探测”，在人类史上第一次提供探测地球空间多层次、多时空尺度相互作用的观测体系，开创了地球空间磁层暴研究的新阶段。

“空间风暴探测计划”再创新高

刘振兴院士的思维总是在不断创新的轨道上奔腾着，高效率、高效益是他永恒的追求。在双星有序地在太空工作时，刘院士又在想着下一步：如何让我国的空间探测技术可持续发展？如何提高我国在国际空间学研究中的地位和影响？如何在双星计划后，提出更高层次的方案？经过缜密的考虑，他又提出了“空间风暴探测计划”。这个计划是由三颗卫星配合完成：第一颗卫星运行于电离层和热层区域，主要探测电离层暴和热层暴的有关内容；第二颗卫星运行于近地磁层活动区域，主要探测磁层空间暴的有关内容；第三颗卫星运行于太阳风区域，主要探测太阳风变化对太阳活动的影响及其对地球空间暴的影响。

与双星计划相比，这个“三星计划”要先进得多。首先，双星的发射先后相隔约半年，在这半年中，两颗星不能配合观测。而三星计划是用一箭三星的方式发射，三颗卫星同时到位，可实现同步观测；另外，三星计划的探测空间范围扩大了，探测仪器的精度和时空分辨率显著提高了；同时，它扩大了国际合作规模，是我国科技界跨越式前进的又一典范。由刘院士提出的“空间风暴探测计划”受到国际上的重视，被列为全球“国际与日共存”计划第一阶段重要空间项目。该计划的实现，将推动我国空间天气预报研究和预报水平的发展，保障航天活动的安全，提高通信效能和导航定位精度，对保障国家安全也有重要意义。

刘振兴的贡献

长期从事磁层物理研究，在地球辐射带理论、太阳风湍流结构、木星磁层磁盘模式、极光区粒子加速、磁层亚暴过程和磁场重联理论研究方面做出了一些重要的新结果。提出的木星磁层磁盘模式，被认为是主要的木星磁盘模式之一。首次提出流体涡旋诱发磁场重联的新概念，建立了涡旋诱发重联（VIR）理论，开辟了研究磁场重联的新途径。在VIR理论基础上，又建立了一个通量传输事件（FTEs）模型，能解释通量传输事件的产生机制和结构特性。VIR理论被认为是当前主要的三个瞬时重联模型之一。由于刘振兴在科学技术研究中作出了重要贡献，曾获得过国内外不同类型的奖励。

刘振兴院士题词

题赠中关村中学师生

师生共图奋进教学相互增長；

齐谋跨越发展创建一流中学。

劉振興 二零零三年六月

小时候，教授送我一颗明珠

——记“丑小鸭”陈景润的成才之路

陈景润（1933—1996）

陈景润简介

陈景润（1933—1996），汉族，福建省福州市闽侯县人，1953年厦门大学数学系毕业，中国著名数学家，也是国际著名数学家。1953~1954年在北京四中任教，因口齿不清，被学校拒绝上讲台授课，只可批改作业。后被“停职回乡养病”，调回厦门大学任资料员，同时研究数论，对组合数学与现代经济管理、科学实验、尖端技术、人类生活的密切关系等问题也作了研究。1955年2月经当时厦门大学的校长王亚南先生推荐，回母校厦门大学数学系任助教。1956年调入中国科学院数学研究所，1977年破格晋升为研究员，1980年当选中科院物理学数学部委员（院士），1981年3月当选为中国科学院学部委员（院士）1988年被定为一级研究员，1992年任《数学学报》主编。

这曾是一个举世震惊的奇迹：一位屈居于6平方米小屋的数学家，借一盏昏暗的煤油灯，伏在床板上，用一支笔，耗去了6麻袋的草稿纸，攻克了世界著名数学难题“哥德巴赫猜想”中的“1+2”，创造了距摘取这颗数论皇冠上的明珠“1+1”只有一步之遥的辉煌。当时，一篇轰动全中国的报告文学《哥德巴赫猜想》，使得一位数学奇才一夜之间街知巷闻、家喻户晓。在一定程度上，这个人的事迹甚至还推动了一个尊重科学、尊重知识和尊重人才的伟大时代早日到来。他的名字叫陈景润。

曾是一个“丑小鸭”

陈景润出生在贫苦的家庭，在“二战”期间，日寇的狼烟烧至他的家乡福建闽侯县时，全家人仓皇逃入山区。父亲疲于奔波谋生，无暇顾及子女的教育；母亲是一个劳碌终身的旧式家庭妇女，先后育有12个子女，但最后存活下来的只有6个。母亲生下他来就没有奶汁，靠向邻居借米熬米汤让他活下来。陈景润排行老三，上有兄姐、下有弟妹，照中国的老话，“中间小囡轧扁头”，加上他长得瘦小孱弱，很不受父母欢喜、手足能否善待可想而知。到了应上学的年龄，因为父亲当的是邮局小职员，工资太少，勉强供大哥上学；母亲还要背着不满两岁的小妹妹下地干活挣钱。这样，平日照看3岁小弟弟的担子就落在小景润的肩上。白天，他带着小弟弟坐在自家门口的小板凳上，数手指头玩；晚上，哥哥放了学，就求哥哥给他讲算数。稍大一点，挤出帮母亲下地干活的空隙，忙着练习写字和演算。母亲见他学习心切，觉得应让孩子学点东西，就与父亲商量把他送进了城关小学。别看他长得瘦小，可十分用功，成绩很好，因而引起有钱人家子弟的嫉妒，时不时就欺负他，对他拳打脚踢。他打不过那些孩子，经常带伤回家，回家后就淌着泪对母亲说要求退学，妈妈抚摸着他的伤处说：“孩子，只怨我们没本事，家里穷才受人欺负。你要好好学，争口气，长大有出息，那时他们就不敢欺负咱们了！”于是，小景润默默擦干眼泪，又去做功课了。此后，他再也没流过泪，不再理会别人的歧视，把身心所受的痛苦，化为学习的动力，成绩一直拔尖，终于以全校第一名的成绩考入了三元县立初级中学。

别看他长得瘦小，可十分用功，成绩很好，因而引起有钱人家子弟的嫉妒，对他拳打脚踢。他打不过那些人，就淌着泪回家要求退学，妈妈抚摸着他的伤处说：“孩子，只怨我们没本事，家里穷才受人欺负。你要好好学，争口气，长大有出息，那时他们就不敢欺负咱们了！

启蒙老师的谆谆教导

陈景润曾是一个不善言谈"丑小鸭"。通常，一个先天的聋子目光会特别犀利，一个先天的盲人听觉会十分敏锐，而一个从小不被人注意、不受人欢迎的"丑小鸭"式的人物，常常也会身不由己或者说在百般无奈之下苦思冥想，探究事理，格物致知，在天地万物间重新去寻求一个适合自己的位置，发展自己的潜能潜质。你可以说这是被逼的，但就这么一"逼"往往也就"逼"出来不少伟人。人总是需要交流的，特别是孩子。禀赋一般的孩子面对这种困境可能就此变成了行为乖张的木讷之人，但陈景润没有。对数字、符号那种天生的热情，使得他忘却了人生的艰难和生活的烦恼，一门心思地钻进了知识的宝塔，他要寻求突破，在那里他觅到人生的快乐。所谓因材施教，就是通过一定的教育教学方法和手段，为每一个学生创造一个根据自己的特点充分得到发展的空间。

小小陈景润，自己对自己因材施教。但是，他毕竟还是个孩子。除了埋头书卷，他还需要面对面、手把手的引导。毕竟，能给孩子带来最大、最直接和最鲜活的灵感和欢乐的，还是那种人与人之间的、能使人心灵上迸射出辉煌火花的交流和接触。

在初中，他受到两位老师的特殊关注：一位是年近花甲的语文老师，原是位教授，他目睹日本人横行霸道，国民党却节节退让，感到痛心疾首，只可惜自己年老了，就把希望寄托于下一代身上。他看到陈景润勤奋刻苦，年少有为，就经常把他叫到身边，讲述中国 5000 年文明史，激励他好好读书，肩负起拯救祖国的重任。老师常常说得满眼催泪，陈景润也含泪表示，长大以后，一定报效祖国！另一位是不满 30 岁的数学教师陈金华，毕业于清华大学数学系，知识非常丰富。陈景润最感兴趣的是数学课，一本数学课本，只用两个星期就学完了。老师觉得这个学生不一般，就分外下力气，多给他讲，并进一步激发他的爱国热情，说："一个国家，一个民族，要想强大，自然科学不发达是万万不行的，而数学又是自然科学的基础。”从此，陈景润就更加热爱数学了。一直到初中毕业，都保持了数学成绩全优的记录。

小学生邂逅大教授

1937 年，勤奋的陈景润考上了福州英华书院，在这里，他有幸遇见使他终生难忘的沈元老师。此时正值抗日战争时期，清华大学航空工程系主任，留英博士沈元教授回福建奔丧，不想因战事被滞留家乡。几所大学得知消息，都想邀请沈教授前进去讲学，他谢绝了邀请。由于他是英华的校友，为了报答母校，他来到了这所中学为同学们讲授数学课。

沈老师学问渊博，循循善诱，同学们都喜欢听他讲课。有一次，沈老师出了一道有趣的古典数学题：“韩信点兵”。部队集合齐后，他让士兵 1、2、3——1、2、3、4、5——1、2、3、4、5、6、7 地报三次数，然后把每次的余数再报告给他，他便知道部队的实际人数和缺席人数。大家都闷头算起来，陈景润很快小声回答：“53 人”。全班为他算得速度之快惊呆了，沈老师望着这个平素不爱说话、衣衫褴褛的学生问他是怎么得出来的?陈景润的脸羞红了，说不出话，最后是用笔在黑板上写出了方法。沈老师高兴地说：“陈景润算得很好，只是不敢讲，我帮他讲吧！”沈老师讲完，又介绍了中国古代对数学贡献，说祖冲之对圆周率的研究成果早于西欧 1000 年，南宋秦九韶对“联合一次方程式”的解法，也比瑞士数学家欧拉的解法早 500 多年。

沈元老师针对教学对象的年龄和心理特点，上课时常常结合教学内容，用讲故事的方法，深入浅出地介绍名题名解，轻而易举地就把那些年幼的学童循循善诱到了出神入化的科学世界，激起他们向往科学、学习科学的巨大热情。沈老师曾鼓励陈景润说：“我们不能停步，希望你们将来能创造出更大的奇迹，比如有个‘哥德巴赫猜想’，是数论中至今未解的难题，人们把它比做皇冠上的明珠，你们要把它摘下来!”

沈元教授说："数学是自然科学的皇后，而这位皇后头上的皇冠，则是数论，我刚才讲到的哥德巴赫猜想，就是皇后皇冠上的一颗璀璨夺目的明珠啊！"听后，小小的却在一遍一遍暗自跟自己讲："你行吗？你能摘下这颗数学皇冠上的明珠吗？"

一天，沈元教授就兴致勃勃地为学生们讲述了一个关于哥德巴赫猜想的故事："200 年前有个法国人发现了一个有趣的现象：6=3+3，8=5+3，10=5+5，12=5+7，28=5+23，100=11+89。每个大于 4 的偶数都可以表示为两个奇数之和。因为这个结论没有得到证明，所以还是一个猜想。大数学欧拉说过：虽然我不能证明它，但是我确信这个结论是正确的。它像一个美丽的光环，在我们不远的前方闪耀着炫目的光辉……"陈景润瞪着眼睛，听得入神。课后，沈老师问陈景润有什么想法，陈景润说："我能行吗?"沈老师说："你既然能自己解出'韩信点兵'，将来就能摘取那颗明珠：天下无难事，只怕有心人啊!"那一夜，陈景润失眠了，他立誓：长大无论成败如何，都要不惜一切地去努力！

因此，陈景润对这个奇妙问题产生了浓厚的兴趣。课余时间他最爱到图书馆，不仅读了中学辅导书，这些大学的数理化课程教材他也如饥似渴地阅读。因此获得了"书呆子"的雅号。兴趣是第一老师。正是这样的数学故事，引发了陈景润的兴趣，引发了他的勤奋，从而引发了一位伟大的数学家。

该怎样科学论证呢？我长大了行不行呢？他想。后来，哥德巴赫写了一封信给当时著名的数学家欧勒·欧勒，他接到信后十分来劲儿，几乎是立刻投入到这个有趣的论证中去。但是，很可惜，尽管欧勒为此几近呕心沥血，鞠躬尽瘁，却一直到死也没能为这个猜想作出证明。从此，哥德巴赫猜想成了一道世界著名的数学难题，200 多年来，曾令许许多多的学界才俊、数坛英杰为之前赴后继，竞相折腰。教室里已是一片沸腾，孩子们的好奇心、想象力一下全给调动起来。

"数学是自然科学的皇后，而这位皇后头上的皇冠，则是数论，我刚才讲到的哥德巴赫猜想，就是皇后皇冠上的一颗璀璨夺目的明珠啊！"沈元一气呵成地讲完了关于哥德巴赫猜想的故事。同学们议论纷纷，很是热闹，内向的陈景润却一声不出，整个人都"痴"了。这个沉静、少言、好冥思苦想的孩子完全被沈元的讲述带进了一个色彩斑斓的神奇世界。在别的同学啧啧赞叹、但赞叹完了也就完了的时候，他却在一遍一遍暗自跟自己讲：“你行吗？你能摘下这颗数学皇冠上的明珠吗？”

一个是大学教授，一个是黄口小儿。虽然这堂课他们之间并没有严格意义上的交流、甚至连交谈都没有，但又的确算得上一次心神之交，因为它奠就了小陈景润一个美丽的理想，一个奋斗的目标，并让他愿意为之奋斗一辈子！

一颗耀眼的新星

多年以后，陈景润从厦门大学毕业，几年后，被著名数学家华罗庚慧眼识中，伯乐相马，调入中国科学院数学研究所。自此，在华罗庚的带领下，陈景润夜以继日地投入到对哥德巴赫猜想的漫长而卓绝的论证过程之中。1966 年，中国数学界升起一颗耀眼的新星，陈景润在中国《科学通报》上告知世人，他证明了（1+2）！

1973 年 2 月，从“文革”奋身站起的陈景润再度完成了对（1+2）证明的修改。其所证明的一条定理震动了国际数学界，被命名为“陈氏定理”。不知道后来沈元教授还能否记得自己当年对这帮孩子们都说了些什么，但陈景润却一直记得，一辈子都那样清晰。

陈景润的贡献

1966 年发表《表达偶数为一个素数及一个不超过两个素数的乘积之和》（简称“1+2”），成为哥德巴赫猜想研究上的里程碑。而他所发表的成果也被称之为陈氏定理。这项工作还使他与王元、潘承洞在 1978 年共同获得中国自然科学奖一等奖。1999 年，中国发行纪念陈景润的邮票。同年 10 月，紫金山天文台将一颗行星命名为“陈景润星”。主要著作：《算术级数中的最小素数》《表达偶数为一个素数及一个不超过两个素数的乘积之和》《数学趣味谈》《组合数学》《哥德巴赫猜想》。